Texte aufbauen mit Bildergeschichten

Elisabeth v. Gamm

schubi®
westermann®

PraxisBuch

© 2008 SCHUBI Lernmedien AG
CH-8207 Schaffhausen
service@schubi.com
www.schubi.com

6. Auflage 2020

ISBN 978-3-86723-075-9

No 120 97

MIX
Papier aus verantwor-
tungsvollen Quellen
FSC® C009717

Vorwort

Es ist faszinierend, Aufsätze von Kindern zu lesen, die ihren Gedanken freien Lauf lassen, die spontan und fantasievoll erzählen oder ideenreich Bildergeschichten zum Leben erwecken. Aber nicht alle Schülerinnen und Schüler können so aus dem Vollen schöpfen. Für sie türmen sich Fragen auf: Wie soll ich anfangen? Wie soll ich das erzählen? Ist das wichtig? Wie mache ich das: lebendig schreiben? Wie wird meine Geschichte spannend?

Wer selbst keinen unmittelbaren Zugang zum Schreiben findet, ist froh über Strukturen, die Orientierung geben. Gute Ratschläge oder Regeln sind aber immer nur gut, wenn sie beim Gegenüber so ankommen, wie sie gemeint sind und umgesetzt werden können. Wie schwierig dies ist, wissen alle, die versuchen, Kinder bei Lernprozessen zu unterstützen. Als Lehrerin für das Fach Deutsch und als Heilpädagogin hatte und habe ich mit Kindern zu tun, die Schwierigkeiten im Fach Deutsch haben. Besonders wichtig war mir deshalb bei der Gestaltung der Arbeitsblätter, den Schülerinnen und Schülern nicht nur Leitlinien an die Hand zu geben, sondern diese Leitlinien durchgehend an Beispielen erfahrbar und bewusst zu machen. Denn Leitlinien beim Schreiben sind niemals unumstößliche Regeln, sondern müssen als Prinzip verstanden werden, das sich auf verschiedene Weise umsetzen lässt. Die Arbeitsblätter führen die Kinder von der Einleitung bis zum Schluss jeder Bildergeschichte und machen eine klare Struktur und sinnvolle Stilmittel bewusst. Die Musteraufsätze schließlich zeigen, wie ein Aufsatz gestaltet werden kann, und vermitteln so, was mit dem gut gemeinten Ratschlag „schreibe lebendig" gemeint ist.

Elisabeth v. Gamm

Inhalt

Einleitung

Bildergeschichten eignen sich ideal, um das schriftliche Erzählen zu lernen. Die Bilder geben die wichtigsten Stationen der Handlung vor. In ihnen steckt die Idee für einen Höhepunkt der Erzählung. Trotzdem ist es nicht leicht, vom einfachen Beschreiben der Bildinhalte zum spannenden Erzählen zu gelangen. Auch mit gut gemeinten Ratschlägen oder Regeln können nicht alle Kinder etwas anfangen; der Transfer auf eine konkrete Bildergeschichte gelingt nicht. Das kann verschiedene Ursachen haben: Nicht immer wird wirklich verstanden, was mit allgemeinen Vorgaben gemeint ist. Was bedeutet „lebendig" oder „spannend" schreiben konkret? Wie kann „die Spannung gesteigert" oder ein kurzer Schluss geschrieben werden? Zudem ist keine Bildergeschichte wie die andere. Bei der einen Bildergeschichte ist das letzte Bild zugleich der Schluss für die schriftliche Erzählung, bei einer anderen fehlt ein Schlussbild und der Schlussgedanke muss selbst herausgefunden werden. Bei einer Bildergeschichte fehlen Zwischenschritte, bei der nächsten nicht. Hinweise, wie ein guter Aufsatz geschrieben werden kann, sind keine starren Formeln. Es geht nicht um das sture Anwenden von Regeln, sondern die flexible Anpassung und kreative Umsetzung.

Wer mit Sprache so umgehen kann, braucht nur wenige Anhaltspunkte und ein paar Beispiele, um selbstständig eine individuelle Lösung zu finden, die nicht dem vorgegebenen Muster entsprechen muss. Andere brauchen viel Veranschaulichung und klare Strukturierung, um das Erzählprinzip zu verstehen und schließlich umsetzen zu können. Darüber hinaus haben nicht alle Kinder den entsprechenden Wortschatz, der erst eine abwechslungsreiche und genaue Erzählweise ermöglicht.

Konzept der Arbeitsblattsammlung

- Die Arbeitsblätter geben bewusst Hilfestellungen auf verschiedenen Ebenen, strukturieren und verzahnen immer wieder allgemeine Hinweise und Veranschaulichung.

- Die allgemeinen Arbeitshilfen zum Verfassen einer Bildergeschichte erklären, wie die Hinweise konkret im Aufsatz umgesetzt werden können.

- Symbole erleichtern das Merken der Arbeitsschritte.

- In jeder Bildergeschichte werden die allgemeinen Hinweise wieder aufgenommen und am Beispiel konkretisiert. So wird gleichzeitig veranschaulicht und wiederholt.

- Die Arbeitsblätter orientieren sich am Aufbau der Bildergeschichten in Einleitung, Hauptteil mit Höhepunkt und Schluss.

- Die Arbeitsblätter erschließen die Bildergeschichten inhaltlich.

- Vorschläge und Hilfestellungen bei der sprachlichen Gestaltung geben Anregungen, erweitern den Wortschatz, lassen aber auch Raum für eigenes Formulieren.

- In den Arbeitsblättern wechseln verschiedene Aufgabentypen ab: Multiple-Choice-Aufgaben, Unterstreichen, Vervollständigen von Sätzen, freies Formulieren.

- Zu jedem Arbeitsblatt gibt es Lösungsvorschläge. Sprache lässt verschiedene Möglichkeiten zu, die mit den Kindern diskutiert werden können.

- Diskutiert werden können und sollen natürlich auch inhaltliche Aspekte einer Geschichte. Zum einen bieten sie Anhaltspunkte, von eigenen Erlebnissen zu erzählen, zum anderen können sie Anlass sein, über das Verhalten der handelnden Personen nachzudenken. Dabei wird sicher auch das eine oder andere Mal der Realitätsgehalt der Geschichten berührt werden. Insbesondere die Bildergeschichten aus den Serien „Der kleine Herr Jakob" und „Papa Moll" sind stark auf eine lustige Pointe hin angelegt, so dass es auch zu unwahrscheinlichen Lösungen kommt. Wichtig ist, dass die Kinder erfahren, wie stimmige Erzählungen sein sollen, die sie selbst schreiben, wenn sie keine Bildvorlagen haben.

- Musteraufsätze zu jeder Bildergeschichte machen deutlich, wie lebendig erzählt werden kann. Die Musteraufsätze nehmen die Anregungen auf, die in den Arbeitsblättern in einzelnen Schritten aufgezeigt wurden, und geben sie als Ganzes wieder. Fragen zum Text greifen besondere Aspekte der Gestaltung auf und rücken sie in den Blickpunkt. Die Musteraufsätze orientieren sich klar an den vermittelten Ratschlägen und Regeln, bieten durch die Gestaltung aber auch sprachlich gewandten Schülerinnen und Schülern Anregungen.

- Eine Übersicht von Satzbausteinen hilft Kindern, die besondere Schwierigkeiten haben, die einzelnen Bilder sprachlich zu einem durchgehenden Text zu verbinden.

- Wichtige Stilmittel, die Bildergeschichten und auch Erlebniserzählungen sprachlich aufwerten, werden nicht nur in den Bildergeschichten, sondern auch in speziellen Arbeitsblättern behandelt. Vier wichtige Bereiche werden anschaulich erklärt und geübt: Satzanfänge, wörtliche (direkte) Rede, Darstellung von Gedanken und Gefühlen, Verwendung treffender Ausdrücke.

Die ausgewählten Bildergeschichten

Die verwendeten 8 Bildergeschichten wurden im Hinblick auf Anforderungsniveau, Inhalt und Darstellungsmöglichkeit wichtiger sprachlicher Aspekte ausgewählt. Aus jeder Gruppe von Bildergeschichten werden zwei Beispiele besprochen, um Gelegenheit zu geben, ein Beispiel gemeinsam zu erarbeiten und ein zweites zum eigenständigen Üben zu nutzen. Es werden Geschichten aus verschiedenen Bilderserien eingesetzt.

Der kleine Herr Jakob (Illustrationen © Hans Jürgen Press, SCHUBI-Nr. 120 16)
Der klare Aufbau, die geringe Zahl von Bildern pro Geschichte und eine Handlung, die deutlich auf eine Pointe zustrebt, sind die großen Stärken dieser Bildfolgen. Zudem spricht die liebenswerte Hauptfigur der Geschichten von Hans Jürgen Press (1926–2002) und der heitere Charakter für die Erzählungen.

Der Bumerang (Seite 21)
Inhalt: Der kleine Herr Jakob bemerkt im Schaufenster eines Sportgeschäftes einen Gegenstand, dessen Funktion er nicht kennt. Der Verkäufer erklärt ihm, wie ein Bumerang funktioniert und führt ihn vor dem Geschäft vor. Der Bumerang fliegt, wie man es von einem Bumerang erwartet, wieder zurück, allerdings nicht in die Hand des Verkäufers, sondern auf den Platz im Schaufenster, wo ihn der kleine Herr Jakob zuerst gesehen hatte. Für den Verkäufer endet die Demonstration mit einer zerbrochenen Scheibe.

Fotosafari (Seite 33)
Inhalt: Der kleine Herr Jakob ist mit einer Gruppe von Fotofreunden unterwegs im Gebirge, um zu fotografieren. Bei dem Versuch, ein Bild von einer Bergziege zu schießen, wird er von dieser gejagt und so zum Fotomotiv für seine Begleiter.

Papa Moll (Illustrationen © Globi-Verlag, SCHUBI-Nr. 120 50)
Die Papa-Moll-Geschichten zeigen die Handlung in mehr Bildern als die Geschichten vom kleinen Herrn Jakob. Da es mehr Handlungsschritte gibt, wird die Erzählung schon durch das einfache Nacherzählen recht lebendig. Der typisierte Charakter von Papa Moll führt durch die Geschichte und hat einen hohen Wiedererkennungswert. Papa Moll, der seinen drei Kindern ein gutes Vorbild sein möchte, zeigt bei seinen Unternehmungen, dass auch Erwachsene nicht perfekt sind. So steuert er meist zielsicher auf ein Malheur zu. Wenn Papa Moll etwas unternimmt, dann ist er mit Feuereifer bei der Sache und bringt mit seiner Spontaneität manchmal Chaos, aber auch Spaß und Leben in den Alltag.

Hundeerziehung (Seite 43)
Inhalt: Als Papa Moll und seine Frau einen Tierfilm im Fernsehen ansehen, nimmt sich ihr Dackel Tschips einen heulenden Wolf zum Vorbild und stört den Fernsehabend. Um die Ruhe im Haus wieder herzustellen, setzt Papa Moll den Hund vor die Tür. Doch dieser jault in der mondhellen Nacht weiter, sodass sogar die Kinder der Familie geweckt werden. Papa Moll bleibt nichts anderes übrig, als Tschips wieder ins Haus zu lassen.

Gleitschirmfliegen (Seite 55)
Inhalt: Bei einem Urlaub in den Bergen möchte Papa Moll Gleitschirmfliegen lernen. Voller Elan stürzt er sich in das Vergnügen, ist begeistert und stolz, dass er wie ein Vogel fliegen kann. Doch der Stolz weicht dem Schreck, als eine Krähe den Schirm zerstört und Papa Moll abstürzt. In letzter Sekunde fängt seine Familie ihn mit der Picknickdecke auf, die zu einem Sprungtuch umfunktioniert wird.

Sentimage (Illustrationen von Thilo Pustlauk, SCHUBI-Nr. 120 36)
In den Sentimage-Geschichten stehen die Gefühle der handelnden Personen im Mittelpunkt. Nicht nur Freude und Angst, auch Enttäuschung und Erleichterung werden thematisiert. Die Emotionen können nachempfunden werden, da sie in eine Handlung eingebunden sind, die die Kinder nachvollziehen können. Die Gefühle spiegeln sich in den Gesichtern der Hauptpersonen, die wie in einer Großaufnahme als Einzelbilder dargestellt sind. Dadurch werden die Emotionen der Hauptperson besonders deutlich und bewusst. Da grundsätzlich für Erzählungen gilt, dass das Beschreiben der Gefühle der Hauptpersonen eine Geschichte lebendig macht und bei der Ausgestaltung des Höhepunkts sinnvoll ist, kann durch die Sentimage-Geschichten die Bedeutung der Gefühlsdarstellung exemplarisch bewusst gemacht werden.

Achtung – bissig! (Seite 67)
Inhalt: Jenny verdient sich ihr Taschengeld mit dem Verteilen von Werbeprospekten. Als sie zum Briefkasten eines Hauses gehen will, stürzt ein großer Hund auf sie zu. Vor Schreck ist sie wie gelähmt. Im letzten Moment greift der Besitzer des Tieres ein und hält es fest. Die Erleichterung spiegelt sich im Gesicht des Mädchens.

Ein Wunsch geht in Erfüllung (Seite 75)
Inhalt: Bei einem Stadtbummel entdeckt Luis einen Spielzeughubschrauber, den er unbedingt haben möchte. Doch die Eltern erfüllen ihm den Wunsch nicht sofort. Luis reagiert enttäuscht und ärgerlich. An seinem Geburtstag erlebt Luis eine Überraschung: In einem Päckchen ist das ersehnte Spielzeug. Luis strahlt vor Freude und Dankbarkeit.

Texte zu Bildergeschichten zu schreiben ist eine wichtige Übung, um schließlich eigene kleine Erlebnisse in einem Aufsatz wiedergeben zu können. Die Bildergeschichten

„Wer andern eine Grube gräbt …" und „Der vergessene Rucksack" bilden thematisch eine gute Brücke zur Erlebniserzählung.

Und dann? Box 2 (Illustrationen von Anja Naef, SCHUBI-Nr. 120 20)

Wer andern eine Grube gräbt …(Seite 85)
Inhalt: Tim möchte seiner Schwester einen Streich spielen. Er deponiert oben zwischen Tür und Türrahmen einen Eimer mit Wasser, das sich über seine Schwester ergießen soll, wenn sie nach Hause kommt. Als unerwartet der Paketbote klingelt und Tim, ohne noch an seine Vorkehrungen zu denken, die Tür öffnet, bekommt er selbst die kalte Dusche ab.

Lea, Lars und Dodo (Illustrationen von Corinne Schroff, SCHUBI-Nr. 120 58)

Der vergessene Rucksack (Seite 97)
Inhalt: Lea ist mit ihrem Hund Dodo im Bus unterwegs. Als sie aussteigt, bemerkt sie erschrocken, dass sie ihren Rucksack im Bus vergessen hat. Ein alter Mann hat dies beobachtet und gibt den Rucksack im Fundbüro ab, wo ihn Lea zurückbekommt.

Lerninhalte

- Aufbau einer Erzählung

  Alle Arbeitsblätter orientieren sich am Aufbau einer Erzählung mit *Einleitung, Hauptteil mit Höhepunkt* und *Schluss* und erlauben daher, diesen Aufbau zu erarbeiten und zu üben. Die Kinder erfahren, was grundsätzlich in den verschiedenen Teilen stehen sollte, und erleben, wie dies bei der konkreten Bildergeschichte aussieht. Es wird gezeigt, was aus den Bildern herausgelesen werden kann und was beim Schreiben hinzugefügt werden muss, wenn Bilder für Einleitung oder Schluss fehlen. Darüber hinaus erläutern zusammenfassende Arbeitshilfen den Schülerinnen und Schülern diesen Aufbau (siehe S. 17 – 19).

- Überleitungen

  Die sprachliche Überleitung von einem Bild zum nächsten fällt vielen Kindern schwer. Hier wird deutlich, ob die Kinder nur beschreiben, was sie auf den Bildern sehen, oder ob sie einen in sich geschlossenen Text erstellen können, indem sie zum Beispiel mit Konjunktionen oder Adverbialen zum nächsten Handlungsschritt hinführen. Noch schwieriger ist es, von einem Bild zum nächsten überzuleiten, wenn kleine inhaltliche Lücken zwischen den Bildern bestehen. Bildergeschichten reduzieren auf die Handlungsschritte, die zum Verständnis unbedingt notwendig sind. Was logisch vom Betrachter erschlossen werden kann, wird weggelassen. Beim Schreiben ist dieses Auslassen so nicht möglich. Die Kinder müssen also erkennen, wo Zwischenschritte fehlen und wie sie die Lücken schließen können. Da dies besonders schwierig ist, wird in den Arbeitsblättern geklärt, wo Überleitungen und Zwischenschritte sinnvoll sind. Auf diese Weise wird die Aufmerksamkeit auf das Problem gerichtet, gleichzeitig werden Lösungsmöglichkeiten angeboten, es wird aber auch Raum gelassen für eigene Vorschläge. Wichtig ist, dass die Schülerinnen und Schüler dadurch Hinweise erhalten, wie sie in anderen Geschichten die Bildübergänge bewältigen können. Da die Arbeitsblätter der jeweiligen Bildergeschichten nicht komplett erarbeitet werden müssen, kann der Bereich „Überleitungen" auch ausgelassen werden, wenn er für einzelne Kinder oder die jeweilige Gruppe noch zu schwierig erscheint.

- Satzbausteine

  Eine Sammlung von Satzbausteinen ist für manche Kinder eine Hilfe, sinnvolle Übergänge für ihren Text zu finden. Siehe hierzu Seite 20.

- Gestaltung des Höhepunkts

  Mit wenigen stilistischen Mitteln kann der Höhepunkt einer Geschichte herausgehoben und die Erzählung auf diese Weise aufgewertet werden. Insbesondere die Verwendung der wörtlichen (direkten) Rede, das Eingehen auf Gedanken und Gefühle der Hauptperson und das Benutzen verschiedener Satzanfänge geben der Erzählung Lebendigkeit und Spannung. Die Arbeitsblätter verwenden in diesem Zusammenhang immer wieder die Symbole von Denk- und Sprechblasen. So prägt sich ein, dass die handelnden Personen miteinander in Dialog treten müssen und dass auch Gedanken in wörtlicher Rede ausgedrückt werden können. Für Satzanfänge gilt Ähnliches wie für Überleitungen. Etliche Kinder brauchen hier erst das Sprachvorbild und viele Wiederholungen, damit sich neue Begriffe einprägen. In den Arbeitsblättern werden deshalb den Schülerinnen und Schülern vielfach Möglichkeiten sinnvoller Satzanfänge aufgezeigt und durch Vergleichsmöglichkeiten wird die Wirkung auf die Lesenden demonstriert. So kann mithilfe der Arbeitsblätter das Bewusstsein für die Wirkung geschärft und das sprachliche Repertoire vergrößert werden.

- Stilmittel

  Stilmittel, die eine Erzählung verbessern, können mit der entsprechenden Arbeitsblattsammlung isoliert erarbeitet werden, aber auch im Zusammenhang mit den verschiedenen Bildergeschichten. Der Einsatz der wörtlichen (direkten) Rede (siehe Seite 112), die Beschreibung von Gedanken und Gefühlen der handelnden Personen (siehe Seite 115), sinnvolle Abwechslung bei den Satzanfängen (siehe Seite 107) und die Verwendung treffender Ausdrücke (siehe Seite 120) können einzeln inhaltlich erarbeitet und geübt werden.

- Musteraufsätze

  Die Musteraufsätze zeigen den Schülerinnen und Schülern, wie der Aufsatz aussehen kann, wenn alle Arbeitshilfen zum Verfassen einer Bildergeschichte konsequent angewendet werden. Für manche Kinder hat ein Musteraufsatz einen höheren Lerneffekt als das Wiederholen von Regeln. Das praktische Beispiel vermittelt eine konkrete Zielvorstellung, an der sich die Kinder beim eigenen Schreiben orientieren können. Werden die Ziele dann noch mit konkreten Tipps unterfüttert, zum Beispiel wie am Höhepunkt auf die Gefühle der Personen eingegangen werden kann, gelingt einiges besser als zu Beginn. Die Musteraufsätze greifen das auf, was in den Arbeitsblättern zur Bildergeschichte erarbeitet wurde, und geben durch Wortschatz und flüssige Überleitungen auch guten Schülerinnen und Schülern noch Anregungen.

  Fragen zum Text animieren zum genauen Lesen und lenken den Blick auf sprachliche Mittel, die im Aufsatz verwendet und bei der Bearbeitung besprochen wurden.

  Die Musteraufsätze stehen in den Zeitstufen Präsens und Präteritum (Imperfekt) zur Verfügung.

Methodische Hinweise

- Erarbeiten von Schwerpunkten

  Die einzelnen Arbeitsblätter können isoliert verwendet werden. So ist es möglich, dass die Schülerinnen und Schüler zum Beispiel lediglich den Höhepunkt der Bildergeschichte mithilfe der Arbeitsblätter erschließen, bevor sie den Aufsatz schreiben.

- Gemeinsames Erarbeiten

  Durch den klaren Aufbau und die Verzahnung von allgemeinen Arbeitshinweisen und Übungsbeispielen eignet sich das Material, um im Unterrichtsgespräch Aspekte der Aufsatzgestaltung zu erarbeiten.

- Selbstständiges Üben

  Die Arbeitsblätter führen so durch die Bildergeschichten, dass diese inhaltlich erschlossen und auch Kinder unterstützt werden, die Wortschatzlücken haben. Es gibt jeweils zwei ähnlich aufgebaute Geschichten. So kann eine Geschichte gemeinsam erarbeitet werden und die Arbeitsblätter der anderen können, zumindest in Teilen, in Einzelarbeit zur Vertiefung genutzt werden.

- Diskutieren von Lösungen

  Im sprachlichen Bereich gibt es zwar durchaus falsche Antworten, wenn Begriffe
  in einem falschen Zusammenhang verwendet, inhaltliche Bezüge falsch dargestellt
  oder wenn grammatische Regeln nicht beachtet werden. Aufgabenstellungen im
  stilistischen Bereich der Sprache führen aber oft zu unterschiedlichen Lösungsmöglichkeiten. Sollen passende Verben oder Nomen, sinnvolle Überleitungen oder
  gute Satzanfänge gefunden werden, sind verschiedene Varianten möglich. In den
  Arbeitsblättern wird insoweit darauf eingegangen, dass bei diversen Multiple-
  Choice-Fragen mehrere richtige Antworten möglich sind. Auch bei der Formulierung von Überleitungen wird dem Kind mehrfach die Wahl überlassen, für welche
  der gleichwertigen Vorschläge es sich entscheiden möchte oder ob es eine eigene
  Lösung bevorzugt. Trotzdem ist es von wesentlicher Bedeutung, die Lösungen
  gemeinsam zu diskutieren. Dabei lassen sich Verständnisschwierigkeiten ausschal-
  ten, die Bedeutung einzelner Begriffe klären und die Wortschatzkenntnisse erweitern. Die Diskussion verhindert darüber hinaus, dass Vorschläge und Hilfen als einengend erlebt werden. Jeder eigene passende Gedanke ist besser als ein vorgegebener.

  Sinnvoll ist es auch, die Handlung der Bildergeschichten mit den Schülerinnen und
  Schülern zu besprechen. Bildergeschichten sind kurz und auf eine Pointe hin aus-
  gerichtet. Dadurch fehlt es gelegentlich an Differenzierungen oder die Handlung
  nimmt um des Witzes willen eine unwahrscheinliche Wendung – wobei Letzteres
  eher bei konstruierten Figuren wie Papa Moll oder dem kleinen Herrn Jakob vor-
  kommt. Darüber hinaus sind Bildergeschichten ein guter Anlass, mit Kindern ins
  Gespräch zu kommen und sie von eigenen Erlebnissen erzählen zu lassen.

- Differenzieren

  Bei den Arbeitsblättern gilt, dass sie einzeln verwendet werden können und so
  der differenzierten Förderung dienen können. Bei der Korrektur von Aufsätzen
  erschließen sich Stärken und Schwächen der Kinder, sodass diese ein Angebot erhalten, mit dem sie sich gezielt verbessern können. So werden manche Kinder mit dem
  Bereich Überleitungen zunächst überfordert sein, andere können gerade davon
  profitieren.

- Unterstützen

  Das Konzept der Arbeitsblätter zielt darauf ab, Kinder zu unterstützen, die Schwierigkeiten haben, das Prinzip des erzählenden Schreibens zu verstehen und umzu-
  setzen. Das heißt, die Arbeitsblätter geben so viele Informationen wie nötig, damit
  sich die Aufgabe, wenn auch mit eigener Anstrengung, bewältigen lässt. Es geht
  nicht um die Überprüfung dessen, was die Kinder können oder nicht können, sondern darum, sie beim Erfassen der Fragestellungen zu begleiten – natürlich mit dem

Ziel, dass sie die Bedeutung der Bereiche erfassen und in anderen Aufsätzen selbstständig verwenden.

- Anregen

  Auch gute Schülerinnen und Schüler können ihre Fähigkeiten durch Anregungen
  weiterentwickeln. Zum einen bieten die Musteraufsätze positive Beispiele, insbesondere durch geschickte Übergänge und konsequente Verwendung stilistischer
  Mittel. Zum anderen finden sich auf den Arbeitsblättern, die sich den Überleitungen und der Ausgestaltung des Höhepunkts widmen, auch für leistungsstarke
  Kinder Anregungen. Schließlich bietet auch die Erarbeitung stilistischer Mittel Gelegenheit, Neues zu lernen.

Mit Bildergeschichten arbeiten

Im folgenden praktischen Teil wird vielfältiges Material angeboten, um mit den Kindern systematisch Aufsatzarbeit aufzubauen, ausgehend von Bildergeschichten. Die einfache Grundstruktur (Einleitung – Überleitungen – Hauptteil mit Höhepunkt – Schluss) mit den Leitfragen und den Wiederholungen helfen den Schülerinnen und Schülern, die Schreibstrategien zu verstehen, selbst anzuwenden und zu verinnerlichen.

Die Arbeitshilfen zum Verfassen einer Bildergeschichte stellen die Strategien und Beispiele für ihre Umsetzung genau vor.

Die Kurzfassung der Arbeitshilfen kann den Schülerinnen und Schülern als kompakte Lern- und Arbeitshilfe dienen. Beim Schreiben des Aufsatzes lassen sich damit die einzelnen Schritte des Aufbaus nachvollziehen und an wichtigen Stellen wirkungsvoll sprachliche Mittel einbauen.

Die Liste der Satzbausteine zeigt den Kindern Beispiele, wie eine sprachliche Umsetzung aussehen kann. Die Liste kann bei der Erarbeitung der sprachlichen Mittel, aber auch beim Schreiben der ersten Aufsätze hilfreich sein.

Die Aufsatzhilfen führen Schritt für Schritt durch die Bildergeschichten und beziehen sich immer wieder auf die wichtigen Strategien aus den Arbeitshilfen. Mithilfe der Arbeitsblätter kann die Erzählung von der Einleitung bis zum Schluss entwickelt werden. Die Arbeitsblätter sind so gestaltet, dass auch einzelne Teile, zum Beispiel nur die Aufgaben zu Einleitung oder Höhepunkt, eingesetzt werden können.

Die Musteraufsätze vermitteln eine Vorstellung von einer gelungenen Lösung. Die Fragen zum Text animieren zum genauen Lesen und fokussieren wichtige sprachliche Aspekte. Die Musteraufsätze liegen im Präsens und im Präteritum (Imperfekt) vor. So kann die gewünschte Zeitform ausgewählt werden.

Sprachliche Mittel, die für die Gestaltung einer Erzählung besonders wichtig sind, können auch unabhängig von den Aufsatzhilfen erarbeitet und geübt werden. Als Themenbereiche werden angeboten: *die Gestaltung der Satzanfänge, die Verwendung der wörtlichen (direkten) Rede, die Darstellung der Gefühle der handelnden Personen und der Gebrauch treffender Ausdrücke.*

Arbeitshilfen zum Verfassen einer Bildergeschichte (Langfassung)

Einleitung: Wer? Wann? Wo? Was?

In der Einleitung schreibst du, **wer** die **Hauptperson** der Erzählung ist und **was** sie gerade macht oder vorhat, bevor die Geschichte richtig losgeht. Hat die **Hauptperson** keinen **Namen**, darfst du selbst einen aussuchen. Die Leser sollen auch erfahren, **wo** sich die Hauptperson gerade befindet und **wann** die Geschichte ungefähr spielt. Wenn dir die Bilder zeigen, ob gerade Winter oder Sommer, Vormittag oder Nacht ist, schreibst du auch, **wann** die Handlung stattfindet. Erkennst du keine Tages- oder Jahreszeit, kannst du eine allgemeine Formulierung wählen wie „eines Tages".

Beispiele für eine Einleitung:
An einem strahlendem Sommertag durfte Julia mit Oma und Opa in den Zoo gehen.
Eines Abends setzte sich Papa Moll gemütlich in seinen Lehnsessel und las Zeitung.

Überleitungen: Verbinde die Bilder mit deinen eigenen Worten! Was passiert zwischen den Bildern? Fülle Lücken zwischen den Bildern auf!

Im Aufsatz musst du mehr schreiben, als du auf den Bildern sehen kannst. Du musst **von einem Bild zum anderen überleiten**. Oft genügen dabei wenige Worte.

Beispiele: Kurze Zeit später … Da hat Lea eine Idee … Danach … Endlich …

Manchmal musst du aber auch schreiben, was **zwischen den Bildern** geschieht. Der Zeichner oder die Zeichnerin der Bildergeschichte wählt nur die wichtigsten Momente einer Handlung aus. Wenn du die Geschichte schreibst, musst du die Handlung Schritt für Schritt erzählen. Schau dir genau an, was auf den Bildern passiert, dann wird dir auch klar, ob zwischen den Bildern etwas geschieht, was du erzählen musst.

Beispiel: Auf dem ersten Bild ärgert sich Herr Huber über den tropfenden Wasserhahn. Auf dem zweiten Bild repariert er ihn. Als Überleitung könntest du schreiben: *Sofort holt Herr Huber seinen Werkzeugkasten aus dem Keller.*

Hauptteil: Was geschieht der Reihe nach?

Im Hauptteil steht, wie die Geschichte abläuft und wie etwas Lustiges, Spannendes oder Besonderes passiert.

Steigerung im Hauptteil: Verrate noch nicht den Höhepunkt! Mach spannende Satzanfänge!

Jetzt ist die Geschichte **kurz vor der wichtigsten Stelle**. Beim **nächsten Bild** wird etwas passieren. Du darfst noch nicht verraten, was gleich geschieht. Du kannst aber so erzählen, dass die Leser der Geschichte schon ganz gespannt sind, was gleich passieren wird. Wenn du am **Satzanfang** schreibst, **wie** oder **wann** etwas geschieht, wird deine Geschichte spannend.

Beispiele: Aufgeregt … Ganz langsam … Leise … Jetzt … In diesem Moment … Plötzlich …

Der Höhepunkt des Hauptteils: Was passiert ganz genau?

Der Höhepunkt ist die wichtigste Stelle der Geschichte. Hier ist was los!

Was ist zu sehen? 👁

Was ist zu hören? 👂

Was sprechen die Hauptpersonen? 💬

Was denken sie? 💭

Was fühlen sie? ♡ 🎭

Schluss: Wie geht die Geschichte aus?

Der aufregende Höhepunkt der Geschichte ist vorbei. Jetzt musst du nur noch kurz schreiben, wie die Geschichte ausgeht.

Schlusssatz: Du kannst auch noch erwähnen, was die Hauptperson über das Erlebnis sagen oder denken könnte.

Bei manchen Bildergeschichten fehlt ein Schlussbild. Du musst dir dann einen möglichen Schluss selbst überlegen. Schreibe nicht mehr als 2–3 kurze Sätze.

Arbeitshilfen zum Verfassen einer Bildergeschichte (Kurzfassung)

Einleitung: Wer? Wann? Wo? Was?

In der Einleitung schreibst du, **wer** die Hauptperson der Geschichte ist und **was** sie gerade macht oder vorhat. Dabei soll der Leser auch erfahren, **wo** sich die Hauptperson gerade befindet und **wann** die Geschichte ungefähr spielt.

Hauptteil: Was geschieht der Reihe nach?

Im Hauptteil steht, was der Reihe nach geschieht und wie etwas Lustiges, Spannendes oder Besonderes passiert.

Überleitungen: **Was geschieht zwischen den Bildern? Verbinde die Bilder mit deinen eigenen Worten! Fülle Lücken zwischen den Bildern auf!**
Im Aufsatz musst du mehr schreiben, als auf den Bildern zu sehen ist. Du musst von einem Bild zum anderen überleiten, damit die Leser deine Geschichte genau verstehen.

Steigerung im Hauptteil: **Verrate noch nicht den Höhepunkt, mach spannende Satzanfänge!**
Jetzt ist die Geschichte **kurz vor der wichtigsten Stelle.** Beim nächsten Bild wird etwas passieren. Du darfst noch nicht verraten, was gleich geschehen wird. Wenn du am Satzanfang schreibst wie (*Vorsichtig … Leise … Aufgeregt …*) oder **wann** (*In diesem Moment … Plötzlich …*) etwas geschieht, wird deine Geschichte spannend.

Höhepunkt des Hauptteils: **Was passiert ganz genau?**
Der Höhepunkt ist die wichtigste Stelle der Geschichte. Hier ist was los!

Was ist zu sehen? 👁

Was ist zu hören? 👂

Was sprechen die Hauptpersonen? 💬

Was denken sie? 💭

Was fühlen sie? ♡ 🎭

Schluss: Wie geht die Geschichte aus?

Schreibe kurz, wie die Geschichte endet. Du kannst auch anfügen, was die Hauptperson über das Ereignis sagt oder denkt. Bei manchen Bildergeschichten fehlt ein Schlussbild. Du musst dir dann einen möglichen Schluss selbst überlegen. Schreibe nicht mehr als 2–3 kurze Sätze.

Satzbausteine

Einleitung

*Eines Tages … Eines Abends … An einem sonnigen Wintertag …
An einem eiskalten Wintertag … An einem regnerischen Nachmittag …
An einem strahlenden Sommertag … An einem Ferientag …
An einem Wochenende im Frühling … An einem windigen Herbsttag …*

Überleitungen

*Da hatte er eine Idee … Da kam ihr ein Gedanke … Da fiel ihm ein Plan ein …
Gesagt, getan … Sofort ging es los … Jetzt ging alles ganz schnell …*

Abwechslung bei Satzanfängen

ist besonders wichtig zur Spannungssteigerung

Wann geschieht etwas?

*Jetzt … In diesem Moment … Im gleichen Augenblick …
Im nächsten Augenblick … Plötzlich … Sofort … Schon … Zuerst …
Danach … Endlich … Zuletzt … Kurze Zeit später … Einige Zeit später …
Gleich darauf … Bald darauf … Ein paar Minuten später …*

Wie geschieht etwas?

Vorsichtig … Langsam … So schnell wie möglich … Leise … Mit einem Knall …

Wie ***fühlen*** sich die Menschen?

*Aufgeregt … Ärgerlich … Wütend … Ängstlich … Entsetzt … Enttäuscht …
Freudestrahlend … Begeistert … Glücklich … Dankbar … Erschöpft …*

Gefühle kann man ***spüren***.

*Atemlos … Vor Schreck wie gelähmt … Vor Angst wie erstarrt …
Vor Aufregung zitternd … Mit klopfendem Herzen … Mit offenem Mund …
Mit weichen Knien … Mit weit aufgerissenen Augen …*

Schluss

Bei manchen Geschichten passt einer von diesen Schlusssätzen.

*„Das ist gerade noch einmal gut gegangen", dachte er.
„Da habe ich aber noch einmal Glück gehabt", dachte sie.
„Damit habe ich nicht gerechnet", meinte er.
„Dass mir so etwas passiert, hätte ich nie geglaubt", sagte sie.
„Dieses Erlebnis werde ich so schnell nicht vergessen", dachte er.*

Aufsatzhilfen

Der kleine Herr Jakob: Der Bumerang

Einleitung

Wer, wann, wo, was?

In der Einleitung schreibst du, **wer** die Hauptperson der Erzählung ist und **was** sie gerade macht oder vorhat. Dabei sollen die Leser auch erfahren, **wo** sich die Hauptperson gerade befindet und **wann** die Geschichte ungefähr spielt.

In der Geschichte „Der Bumerang" findest du alle Informationen für die Einleitung im 1. Bild: Wer macht was, wann und wo, bevor die Geschichte richtig losgeht?

Aufgaben:

1. *Wer* ist auf dem 1. Bild zu sehen?

   _____

2. *Was* macht der kleine Herr Jakob auf diesem Bild? Kreuze an!

   ☐ *Er geht in ein Geschäft.*

   ☐ *Er schaut in ein Schaufenster.*

   ☐ *Er geht an einem Geschäft vorbei.*

3. *Wann* geschieht es? Kreuze eine Lösung an!

   ☐ *Eines Tages*

   ☐ *Eines Abends*

   ☐ *An einem Winternachmittag*

4. *Wo* steht der kleine Herr Jakob? Kreuze eine Lösung an!

   ☐ *Vor einem Spielwarengeschäft*

   ☐ *Vor einem Sportgeschäft*

   ☐ *Vor einem Kaufhaus*

5. Schreibe eine Einleitung! *Wer* macht *was, wann* und *wo* auf dem 1. Bild der Bildergeschichte? Verwende die Lösungen der Aufgaben 1 bis 4!

   _____

   _____

Überleitung

Was geschieht zwischen den Bildern? Verbinde die Bilder mit deinen eigenen Worten!

Im Aufsatz musst du mehr schreiben, als du auf den Bildern siehst. Du musst von einem Bild zum anderen überleiten, damit die Leser deine Geschichte genau verstehen.

Der kleine Herr Jakob steht vor dem Geschäft.

Überleitung

Der kleine Herr Jakob ist im Geschäft.

Aufgaben:

1. Was ist zwischen dem 1. und dem 2. Bild passiert? Schreibe in einem Satz, was der kleine Herr Jakob hier macht!

_____

_____

2. Male für die Lücke zwischen dem 1. und 2. Bild eine passende Zeichnung!

Hauptteil

Im Hauptteil steht, was der Reihe nach geschieht und wie etwas Lustiges, Spannendes oder Besonderes passiert.

In der Bildergeschichte „Der Bumerang" beginnt der Hauptteil mit dem 2. Bild. Du musst schreiben, was die beiden Personen machen. Erzähle auch, was sie sagen könnten. Verwende dabei die wörtliche (direkte) Rede!

Aufgaben:

1. Was fragt der kleine Herr Jakob den Verkäufer? Wenn du dir die Handbewegung des Verkäufers ansiehst, kannst du es dir sicher vorstellen. Der Verkäufer erklärt etwas.
   Der kleine Herr Jakob fragt den Verkäufer:

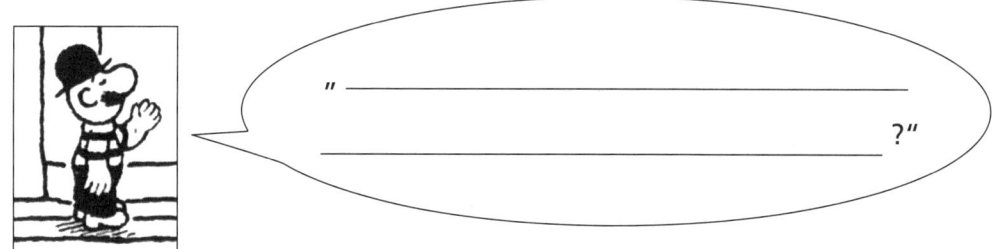

   „_____
   _____ ?"

2. Warum steht der Verkäufer auf einer Leiter?

   _____

3. Woher hat der Verkäufer den Bumerang geholt?

   _____

4. Lies, was der Verkäufer erklärt!

   „Das ist ein Bumerang. Man kann ihn in die Luft werfen. Wenn er hoch oben ist, dreht er um. Dann fliegt er genau dorthin zurück, wo er hergekommen ist."

Überleitung

Was geschieht zwischen den Bildern? Verbinde die Bilder mit deinen eigenen Worten!

Im Aufsatz musst du mehr schreiben, als du auf den Bildern siehst. Du musst von einem Bild zum anderen überleiten, damit die Leser deine Geschichte genau verstehen.

Überleitung

Aufgaben:

1. Was geschieht zwischen dem 2. und dem 3. Bild? Schreibe in einem Satz, was die beiden Männer zwischen den Bildern machen.

   _____

2. Warum ist der Verkäufer mit dem kleinen Herrn Jakob vor das Geschäft gegangen?

   _____

3. Zeichne ein Bild, das zwischen die beiden Bilder passt.

Steigerung im Hauptteil

Jetzt ist die Geschichte **kurz vor der wichtigsten Stelle**. Du darfst noch nicht verraten, was später geschehen wird. Wenn du am **Satzanfang** schreibst, **wie**, **wann** oder **wo** etwas geschieht, wird deine Geschichte **spannend**.

In der Bildergeschichte „Der Bumerang" wird die Spannung im 3. Bild gesteigert.

Aufgaben:

1. Lies die beiden Textteile. Welcher ist spannender geschrieben? Kreuze an! Unterstreiche die Wörter, die den Abschnitt spannend machen!

   A *Jetzt wirft der Verkäufer den Bumerang in einem weiten Bogen in die Luft. Gebannt schaut der kleine Herr Jakob dem Bumerang nach.*

   B *Der Verkäufer wirft den Bumerang in die Luft. Der kleine Herr Jakob schaut dem Bumerang nach.*

2. Setze passende Satzanfänge ein!

   Gespannt, Ängstlich, Aufgeregt, Interessiert, Mit Schwung
   Nun, Gleich darauf, Vor Kurzem, Am Abend
   In der Stadt, Vor dem Geschäft, Vor der Tür

   _____ *wirft der Verkäufer den Bumerang in die Luft.*

   _____ *schaut der kleine Herr Jakob dem Bumerang nach.*

3. Stelle den Satz so um, dass am Satzanfang steht, *wie* es geschieht!

   Der Verkäufer wirft den Bumerang konzentriert in die Luft.

   _____

   _____

Überleitung

Was geschieht zwischen den Bildern? Verbinde die Bilder mit deinen eigenen Worten!

Im Aufsatz musst du mehr schreiben, als du auf den Bildern siehst. Du musst von einem Bild zum anderen überleiten, damit die Leser deine Geschichte genau verstehen.

Der Bumerang fliegt nach oben.

Überleitung

Der Bumerang ist zurückgeflogen.

Aufgaben:

1. Erkläre, wie ein Bumerang funktioniert!

_____

_____

_____

_____

_____

_____

_____

2. Schreibe, was der Bumerang macht, damit er zurückfliegen kann. Ergänze den Satz!

   Der Bumerang _____

   _____

   _____

   _____

Höhepunkt des Hauptteils

Was passiert ganz genau? Was machen die Personen?

Was ist zu sehen? 👁

Was ist zu hören? 👂

Was sprechen die Hauptpersonen? 💬

Was denken sie? 💭

Was fühlen sie? ♡ 🎭

Aufgaben:

1. Was *sehen* die beiden Männer?

   _____

2. Was haben die Männer *gehört?*

   _____

3. Wo ist der Bumerang genau gelandet? Vergleiche mit dem 1. Bild!

   _____

4. Schau dir das Gesicht des Verkäufers an! Wie schaut der Verkäufer drein? Kreuze das passende Adjektiv an!

   ☐ *überrascht*

   ☐ *erschrocken*

   ☐ *vergnügt*

5. Schau dir das Gesicht des kleinen Herrn Jakob an! Wie schaut er drein? Kreuze das passende Adjektiv an!

   ☐ *überrascht*

   ☐ *erschrocken*

   ☐ *vergnügt*

Schluss

Der aufregende Höhepunkt der Geschichte ist vorbei. Jetzt musst du nur noch kurz schreiben, wie die Geschichte ausgeht.

Schlusssatz: Du kannst auch noch erwähnen, was die Hauptperson über das Erlebnis sagen oder denken könnte.

In der Bildergeschichte „Der Bumerang" hast du im 4. Bild schon gesehen, wie die Geschichte ausgeht. Als Schlusssatz kannst du schreiben, was der kleine Herr Jakob über das Erlebnis denkt oder sagt.

4. Bild

Schlusssatz

Aufgaben:

Was könnte der kleine Herr Jakob sagen oder denken, *nachdem* er das alles erlebt hat?

1. Ergänze die wörtliche (direkte) Rede!

   Der kleine Herr Jakob sagt nachdenklich:

   „_____

   _____"

2. Ergänze die wörtliche (direkte) Rede!

   Der kleine Herr Jakob denkt erstaunt:

   „_____

   _____"

Musteraufsatz mit Fragen zum Text (Präsens)

Der Bumerang

1 Eines Tages steht der kleine Herr Jakob vor einem Sportgeschäft und sieht sich die Sachen
2 an, die im Schaufenster liegen.

3 Nach einer Weile betritt er das Geschäft und fragt neugierig den Verkäufer: „Was ist das
4 für ein gebogenes schwarzes Ding im Schaufenster?" Der Verkäufer holt das Sportgerät
5 aus dem Schaufenster und erklärt: „Das ist ein Bumerang. Man kann ihn in die Luft wer-
6 fen. Wenn er hoch oben ist, dreht er um und fliegt genau dorthin zurück, wo er herge-
7 kommen ist." Der kleine Herr Jakob ist beeindruckt. Das will er sehen. Er geht mit dem
8 Verkäufer vor das Geschäft. Jetzt wirft der Verkäufer den Bumerang in einem weiten
9 Bogen in die Luft. Gebannt schaut der kleine Herr Jakob dem schwarzen Ding nach.

10 Hoch oben dreht der Bumerang auf einmal um und fliegt zurück. Er zischt an den Män-
11 nern vorbei. Sie sehen, wie er in die Scheibe kracht. Das Glas splittert und die Scherben
12 fallen klirrend auf den Boden. Der Bumerang landet genau an der Stelle im Schaufenster,
13 wo er am Anfang gelegen hat. Erschrocken schaut der Verkäufer auf die Zerstörung.

14 Der kleine Herr Jakob aber sagt erstaunt: „Sie haben recht gehabt. Der Bumerang ist
15 genau dorthin zurückgeflogen, wo er hergekommen ist!"

Aufgaben:

1. Wo lag der Bumerang zu Beginn der Geschichte?

   _____

2. Der Verkäufer wollte nicht, dass der Bumerang in die Scheibe kracht. Wo hätte er landen
   sollen?

   _____

3. Was passiert zwischen dem 2. und 3. Bild der Bildergeschichte? Schreibe den Satz der
   Geschichte auf, der das erzählt.

   _____

   _____

4. Am Höhepunkt der Geschichte wird auch erzählt, was die Männer *hören*, als der Bumerang
   durch die Luft fliegt. Unterstreiche die Wörter, die Geräusche ausdrücken.

5. Wörtliche (direkte) Rede macht die Erzählung lebendiger. Markiere die Satzzeichen der
   wörtlichen Reden mit einem Farbstift.

Musteraufsatz mit Fragen zum Text (Präteritum / Imperfekt)

Der Bumerang

1   Eines Tages stand der kleine Herr Jakob vor einem Sportgeschäft und betrachtete die
2   Sachen, die im Schaufenster lagen.

3   Nach einer Weile betrat er das Geschäft und fragte neugierig den Verkäufer: „Was ist das
4   für ein gebogenes schwarzes Ding im Schaufenster?" Der Verkäufer holte das Sportge-
5   rät aus dem Schaufenster und erklärte: „Das ist ein Bumerang. Man kann ihn in die Luft
6   werfen. Wenn er hoch oben ist, dreht er um und fliegt genau dorthin zurück, wo er her-
7   gekommen ist." Der kleine Herr Jakob war beeindruckt. Das wollte er sehen. Er ging mit
8   dem Verkäufer vor das Geschäft. Jetzt warf der Verkäufer den Bumerang in einem wei-
9   ten Bogen in die Luft. Gebannt schaute der kleine Herr Jakob dem schwarzen Ding nach.

10   Hoch oben drehte der Bumerang auf einmal um und flog zurück. Er zischte an den Män-
11   nern vorbei. Sie sahen, wie der Bumerang in die Scheibe krachte. Das Glas splitterte und
12   die Scherben fielen klirrend auf den Boden. Der Bumerang landete genau an der Stelle
13   im Schaufenster, wo er am Anfang gelegen hatte. Erschrocken schaute der Verkäufer auf
14   die Zerstörung.

15   Der kleine Herr Jakob aber sagte erstaunt: „Sie haben recht gehabt. Der Bumerang ist
16   genau dorthin zurückgeflogen, wo er hergekommen ist!"

Aufgaben:

1. Wo lag der Bumerang zu Beginn der Geschichte?

   _____

2. Der Verkäufer wollte nicht, dass der Bumerang in die Scheibe kracht. Wo hätte er landen
   sollen?

   _____

3. Was passiert zwischen dem 2. und 3. Bild der Bildergeschichte? Schreibe den Satz der
   Geschichte auf, der das erzählt.

   _____

   _____

4. Am Höhepunkt der Geschichte wird auch erzählt, was die Männer hören, als der Bumerang
   durch die Luft fliegt. Unterstreiche die Wörter, die Geräusche ausdrücken.

5. Wörtliche (direkte) Rede macht die Erzählung lebendiger. Markiere die Satzzeichen der
   wörtlichen Reden mit einem Farbstift.

Der kleine Herr Jakob: Die Fotosafari*

(* Bei einer *Fotosafari* möchten die Teilnehmer bei einem Ausflug Tiere und Pflanzen in der freien Natur fotografieren.)

Einleitung

Wer? Wann? Wo? Was?

In der Einleitung schreibst du, **wer** die Hauptperson der Erzählung ist und **was** sie gerade macht oder vorhat. Dabei sollen die Leser auch erfahren, **wo** sich die Hauptperson gerade befindet und **wann** die Geschichte ungefähr spielt.

Bei der Geschichte „Die Fotosafari" musst du nur das 1. Bild genau anschauen, damit du alles erfährst, was du für die Einleitung brauchst. Du erkennst sogar, **in welcher Jahreszeit** die Handlung spielt und **welches Wetter** gerade herrscht.

Aufgaben:

1. Sieh dir das Bild genau an! Woran merkst du, dass die Personen an einem warmen Sommer-tag unterwegs sind?

   _____

   _____

2. In welcher Landschaft ist die Gruppe unterwegs?

   _____

3. Jede Person hat einen Fotoapparat dabei. Was für eine besondere Gruppe könnte das sein?

   _____

4. Was hat der kleine Herr Jakob mit seinen Freunden vor? Schreibe einen ganzen Satz!

   _____

5. Schreibe die Einleitung zur Bildergeschichte „Fotosafari"! Schreibe, *wann*, *wo* und *mit wem* der kleine Herr Jakob unterwegs ist und *was* er vorhat.

   _____

   _____

Überleitung

Verbinde die Bilder mit deinen eigenen Worten!

Im Aufsatz musst du mehr schreiben, als du auf den Bildern siehst. Du musst von einem Bild zum anderen überleiten, damit die Leser deine Geschichte genau verstehen.

Herr Jakob entdeckt eine Ziege.

Was denkt Herr Jakob, als er die Ziege bemerkt?

Herr Jakob schleicht sich an.

Aufgaben:

1. Wenn du schreibst, was der kleine Herr Jakob denkt, als er die Ziege entdeckt, verstehen die Leser, warum er sich an die Ziege anschleicht. Ergänze den Text!

   Da fällt dem kleinen Herrn Jakob ein:

   „_____

   _____ "

2. Du kannst das 1. und 2. Bild auch durch geeignete Satzanfänge verbinden. Setze einen passenden Satzanfang ein!

   Eine halbe Stunde später, Vergnügt, Aufgeregt, Schnell

   Da entdeckt der kleine Herr Jakob eine grasende Ziege. _____
   nimmt er seine Kamera und schleicht sich von hinten an das Tier an.

Hauptteil

Im Hauptteil steht, was der Reihe nach geschieht und wie etwas Lustiges, Spannendes oder Besonderes passiert.

Jetzt geht die Geschichte richtig los. Alles, was für die Handlung wichtig ist, muss in deiner Erzählung vorkommen.

In der Geschichte „Fotosafari" spielen die Wandergruppe, die Ziege und der kleine Herr Jakob eine wichtige Rolle.

Aufgaben:

Schreibe in vollständigen Sätzen!

1. Was macht die Wandergruppe?

   _____

   _____

   _____

2. Was macht der kleine Herr Jakob?

   _____

   _____

   _____

3. Was macht die Ziege?

   _____

   _____

   _____

Steigerung im Hauptteil

Jetzt ist die Geschichte **kurz vor der wichtigsten Stelle**. Du darfst noch nicht verraten, was später geschehen wird. Wenn du am **Satzanfang** schreibst, **wie**, **wann** oder **wo** etwas geschieht, wird deine Geschichte **spannend**.

Aufgaben:

1. In welcher Körperhaltung fotografiert der kleine Herr Jakob? Ergänze den Satz!

   Er _____

2. Schau dir das Bild genau an! Woran erkennst du, dass die Ziege den kleinen Herrn Jakob bemerkt hat? Schreibe einen ganzen Satz!

   _____

   _____

3. Stelle den Satz so um, dass du am Satzanfang schreibst, *wie* die Ziege Herrn Jakob ansieht.

   Die Ziege sieht den kleinen Herrn Jakob aufmerksam an.

   _____

   _____

4. Stelle den Satz so um, dass du am Satzanfang schreibst, *wann* die Ziege Herrn Jakob anschaut.

   Die Ziege schaut jetzt den kleinen Herrn Jakob an.

   _____

   _____

Überleitung

Was geschieht zwischen den Bildern? Verbinde die Bilder mit deinen eigenen Worten!

Im Aufsatz musst du mehr schreiben, als du auf den Bildern siehst. Du musst von einem Bild zum anderen überleiten, damit die Leser deine Geschichte genau verstehen.

Aufgabe:

1. Zwischen dem 3. Bild und dem 4. Bild passiert einiges.

   Kreuze die richtigen Antworten an!

   ☐ *Die Ziege dreht sich um.*   ☐ *Der kleine Herr Jakob erschrickt.*

   ☐ *Die Ziege läuft davon.*   ☐ *Der kleine Herr Jakob springt auf.*

   ☐ *Die Ziege grast weiter.*   ☐ *Der kleine Herr Jakob jagt die Ziege.*

   ☐ *Die Ziege senkt ihren Kopf.* ☐ *Der kleine Herr Jakob rennt zurück.*

   ☐ *Die Ziege rennt los.*

2. Schreibe das, was da passiert, in 2–3 Sätzen auf!

   _____

   _____

   _____

   _____

   _____

   _____

Höhepunkt des Hauptteils

Was passiert ganz genau? Was machen die Personen?

Was ist zu sehen? 👁

Was ist zu hören? 👂

Was sprechen die Hauptpersonen? 💬

Was denken sie? 💭

Was fühlen sie? ♡ 🎭

Aufgaben:

1. Die Mitglieder des Fotoklubs haben sich auf dem Hügel umgedreht, weil sie verschiedene
   Geräusche gehört haben. 👂
   Welche Geräusche könnten sie gehört haben?

   a) _____

   b) _____

   c) _____

2. Was machen die Mitglieder des Fotoklubs? Schreibe einen ganzen Satz.

   _____

3. Was könnte der kleine Herr Jakob rufen? Ergänze die wörtliche (direkte) Rede!

   „ _____ !",

   ruft der kleine Herr Jakob.

4. Schau dir das Gesicht des kleinen Herrn Jakob an. Welches Adjektiv drückt sein Gefühl aus?
   Unterstreiche ein passendes Wort!

   schnell, erschrocken, entsetzt, angsterfüllt, eilig, froh

Schluss

Wie geht die Geschichte aus? Schreibe so kurz wie möglich, denn das Wichtigste ist schon erzählt.

Schlusssatz: Du kannst auch noch erwähnen, **was die Hauptperson über dieses Erlebnis sagt oder denkt**.

In der Bildergeschichte „Die Fotosafari" fehlt ein Bild für den Schluss. Trotzdem musst du in deinem Aufsatz einen kurzen Schluss schreiben. Es darf aber nichts Aufregendes mehr passieren. Wann könnte die Ziege ihre Verfolgungsjagd beenden?

4. Bild

Schluss

Aufgaben:

1. Wie geht die Geschichte aus? Schreibe einen kurzen Schluss für die Bildergeschichte „Fotosafari"! Denke daran, dass der Höhepunkt der Geschichte vorbei ist. Es darf am Schluss nicht noch einmal spannend werden.

   _____

   _____

   _____

2. Zeichne ein Schlussbild!

Musteraufsatz mit Fragen zum Text (Präsens)

Fotosafari

1 An einem warmen Sommertag unternimmt der kleine Herr Jakob eine Wanderung. Er
2 möchte mit seinen Freunden vom Fotoverein Tiere und Pflanzen in den Bergen aufneh-
3 men.

4 Die Gruppe marschiert zügig den Bergweg hinauf. Als der kleine Herr Jakob eine Ziege
5 sieht, fällt ihm ein: „Die Ziege könnte ich doch fotografieren. Das wird bestimmt ein
6 schönes Bild."

7 Seine Freunde wandern weiter. Doch der kleine Herr Jakob schleicht sich vorsichtig an
8 das Tier heran. Die Ziege grast friedlich auf der Wiese.

9 Jetzt kniet sich der kleine Herr Jakob hin, nimmt seine Kamera in die Hand und drückt
10 auf den Auslöser. In diesem Augenblick wendet die Ziege ihren Kopf und sieht den klei-
11 nen Herrn Jakob. Da dreht sie sich um, senkt ihren Kopf und rast los. Der kleine Herr
12 Jakob erschrickt, springt auf und rennt davon. Die Ziege saust schnaubend mit gesenkten
13 Hörnern hinter ihm her. Ihre Halsglocke bimmelt. „Hilfe, zu Hilfe, ein wildes Tier geht auf
14 mich los!", ruft er angsterfüllt. Er erreicht den Weg und endlich bleibt die Ziege stehen.
15 Erleichtert schaut der kleine Herr Jakob auf. Da bemerkt er seine fünf Freunde, die alle
16 die Verfolgungsjagd fotografiert haben.

17 Aber dieses aufregende Erlebnis hätte der kleine Herr Jakob auch ohne Foto nie verges-
18 sen.

Aufgaben:

1. Der kleine Herr Jakob ist Mitglied in einem Verein. Gib dem Verein einen Namen.

   _____

2. Im Aufsatz wird auch beschrieben, *wie* Menschen oder Tiere etwas machen, zum Beispiel
   marschiert die Gruppe *zügig* den Bergweg hinauf.

   Suche in den folgenden Sätzen des Musteraufsatzes die verwendeten Adjektive!

   *Die Gruppe marschiert **zügig**.*

   Der kleine Herr Jakob schleicht _____

   Die Ziege grast _____

   Die Ziege saust _____

   Er ruft _____

   Der kleine Herr Jakob schaut _____

Musteraufsatz mit Fragen zum Text (Präteritum / Imperfekt)

Fotosafari

1   An einem warmen Sommertag unternahm der kleine Herr Jakob eine Wanderung. Er
2   hatte vor, mit seinen Freunden vom Fotoverein Tiere und Pflanzen in den Bergen aufzu-
3   nehmen.

4   Die Gruppe marschierte zügig den Bergweg hinauf. Als der kleine Herr Jakob eine Ziege
5   sah, fiel ihm ein: „Die Ziege könnte ich doch fotografieren. Das wird bestimmt ein schö-
6   nes Bild."

7   Seine Freunde wanderten weiter. Doch der kleine Herr Jakob schlich sich vorsichtig an
8   das Tier heran. Die Ziege graste friedlich auf der Wiese.

9   Jetzt kniete sich der kleine Herr Jakob hin, nahm seine Kamera in die Hand und drück-
10   te auf den Auslöser. In diesem Augenblick wendete die Ziege ihren Kopf und sah den
11   kleinen Herrn Jakob. Da drehte sie sich um, senkte ihren Kopf und raste los. Der kleine
12   Herr Jakob erschrak, sprang auf und rannte davon. Die Ziege sauste schnaubend mit
13   gesenkten Hörnern hinter ihm her. Ihre Halsglocke bimmelte. „Hilfe, zu Hilfe, ein wildes
14   Tier geht auf mich los!", rief er angsterfüllt. Er erreichte den Weg und endlich blieb die
15   Ziege stehen. Erleichtert schaute der kleine Herr Jakob auf. Da bemerkte er seine fünf
16   Freunde, die alle die Verfolgungsjagd fotografiert hatten.

17   Aber dieses aufregende Erlebnis hätte der kleine Herr Jakob auch ohne Foto nie verges-
18   sen.

Aufgaben:

1. Der kleine Herr Jakob ist Mitglied in einem Verein. Gib dem Verein einen Namen.

   _____

2. Im Aufsatz wird auch beschrieben, wie Menschen oder Tiere etwas machen, zum Beispiel:
   marschierte die Gruppe zügig den Bergweg hinauf.

   Suche in den folgenden Sätzen des Musteraufsatzes die verwendeten Adjektive!

   *Die Gruppe marschierte **zügig**.*

   Der kleine Herr Jakob schlich _____

   Die Ziege graste _____

   Die Ziege sauste _____

   Er rief _____

   Der kleine Herr Jakob schaute _____

Papa Moll: Die Hundeerziehung

Einleitung

Wer, wann, wo, was?

In der Einleitung schreibst du, **wer** die Hauptperson der Erzählung ist und **was** sie gerade macht oder vorhat. Dabei sollen die Leser auch erfahren, **wo** sich die Hauptperson gerade befindet und **wann** die Geschichte ungefähr spielt.

Wenn du das 1. Bild der Bildergeschichte „Papa Moll und die Hundeerziehung" anschaust, findest du die Antworten auf die Fragen **Wer?**, **Wo?** und **Was?**.

Aufgaben:

1. Warum musst du in der Einleitung auch schreiben, was der Dackel Tschips gerade macht?

   _____

   _____

2. Welches Bild der Bildergeschichte zeigt dir, zu welcher Tageszeit die Geschichte spielt?

   _____

3. Schreibe die Einleitung für die Bildergeschichte! (*Wann, wer, wo, was?*)

   _____

   _____

   _____

   _____

   _____

Überleitung

Was geschieht zwischen den Bildern? Verbinde die Bilder mit deinen eigenen Worten!

Im Aufsatz musst du mehr schreiben, als du auf den Bildern siehst. Du musst von einem Bild zum anderen überleiten, damit die Leser deine Geschichte genau verstehen.

Überleitung

Der Hund schläft.   Was macht der Hund?   Der Hund jault.

Aufgabe:

Was macht der Hund zwischen den beiden Bildern? Schreibe auch, warum er sich so verhält! Schreibe eine Überleitung vom 1. zum 2. Bild!

_____

_____

_____

_____

_____

_____

Hauptteil

Im Hauptteil steht, was der Reihe nach geschieht und wie etwas Lustiges, Spannendes oder Besonderes passiert.

Jetzt geht die Geschichte richtig los. Alles, was für die Handlung wichtig ist, muss in deiner Erzählung vorkommen.

In dieser Geschichte ist auch die Fernsehsendung sehr wichtig.

Aufgaben:

1. Sieh dir die Wölfe auf dem Bildschirm genau an und beschreibe, was sie machen! Schreibe auch, in welche Richtung sie ihren Hals strecken und wo sie sitzen!

   Schreibe in ganzen Sätzen!

   Die Wölfe _____

   _____

   _____

   _____

   _____

2. Was macht der Hund Tschips? Ergänze den Satz!

   Tschips _____

3. Herr und Frau Moll beobachten ihren Hund. Schau die Gesichter der beiden an!

   Kreuze die richtige Antwort an!
   - ☐ *Das Ehepaar muss über den Hund lachen.*
   - ☐ *Das Ehepaar ist ärgerlich.*
   - ☐ *Das Ehepaar ist erstaunt.*

Überleitung

Was geschieht zwischen den Bildern? Verbinde die Bilder mit deinen eigenen Worten!

Im Aufsatz musst du mehr schreiben, als du auf den Bildern siehst. Du musst von einem Bild zum anderen überleiten, damit die Leser deine Geschichte genau verstehen.

In der Bildergeschichte „Papa Moll und die Hundeerziehung" ist es besonders wichtig zu überlegen, was zwischen den Bildern passiert.

Tschips jault.   Überleitung   Papa Moll setzt den Hund vor die Tür.

Aufgaben:

1. Warum setzt Papa Moll den Hund vor die Tür?

   _____

   _____

2. Was könnte Papa Moll oder seine Frau gesagt haben, bevor Tschips vor die Tür gesetzt wurde? Schreibe in die Sprechblase!

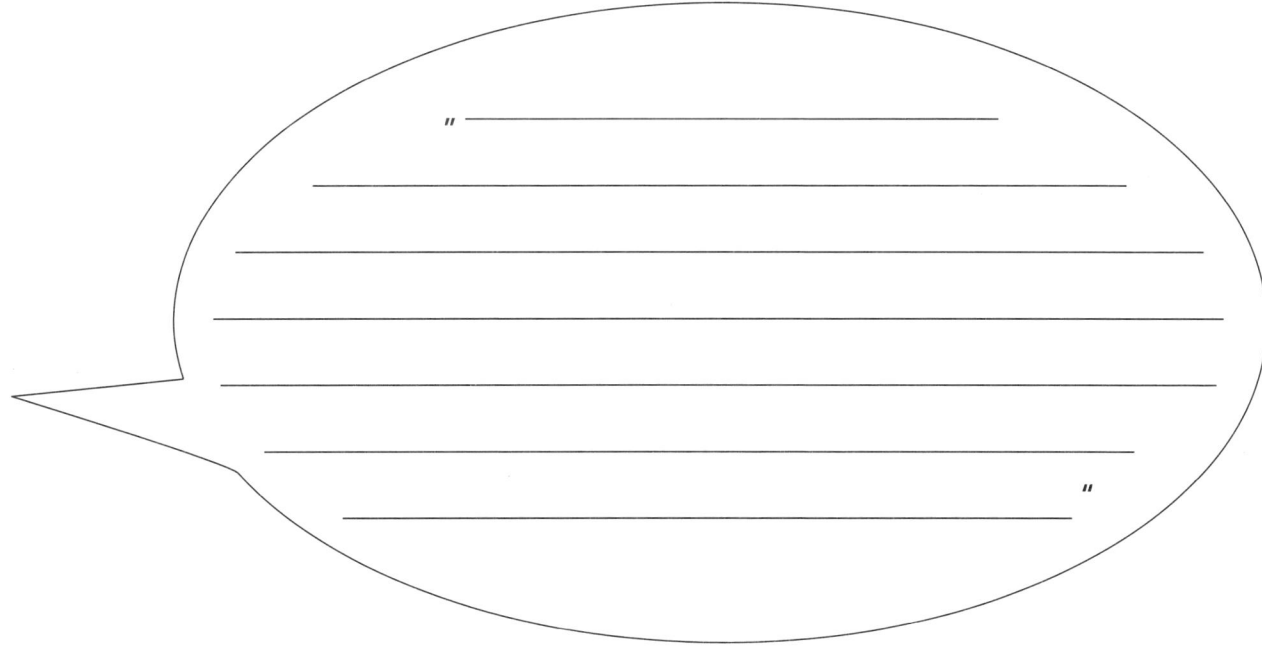

Steigerung im Hauptteil

Jetzt ist die Geschichte **kurz vor der wichtigsten Stelle**. Du darfst noch nicht verraten, was später geschehen wird. Wenn du am **Satzanfang** schreibst, **wie, wann** oder **wo** etwas geschieht, wird deine Geschichte **spannend.**

Aufgaben:

1. Wähle einen passenden Satzanfang aus!

    Lachend, Ärgerlich, Voller Mitleid, Wütend

    _____ *setzt Papa Moll Tschips vor die Tür.*

2. Wähle einen passenden Satzanfang aus!

    Überrascht, Knurrend, Verwundert, Jaulend

    _____ *dreht sich Tschips zu Papa Moll um.*

3. Wähle einen passenden Satzanfang aus!

    Jetzt, Später

    _____ *dreht sich Tschips zu Papa Moll um.*

4. Wähle einen passenden Satzanfang aus!

    Auf dem Hügel, Auf der Wiese, Vor der Tür, Vor dem Haus

    _____ *dreht sich Tschips noch einmal um.*

Überleitung

Was geschieht zwischen den Bildern? Verbinde die Bilder mit deinen eigenen Worten!

Im Aufsatz musst du mehr schreiben, als du auf den Bildern siehst. Du musst von einem Bild zum anderen überleiten, damit die Leser deine Geschichte genau verstehen.

3. Bild   Überleitung   4. Bild

Aufgabe:

1. Woran erinnert sich der Hund Tschips, als ihn Papa Moll vor die Tür gesetzt hat? Ergänze den Satz!

   Da erinnert sich der Hund an _____

   _____   _____

   _____

   _____

2. Was sieht Tschips am Himmel?

   _____

3. Warum setzt sich Tschips auf einen kleinen Hügel?

   _____

   _____

4. Wähle Überleitungssätze aus, die an dieser Stelle passen. Kreuze an!
   - ☐ *Da hatte er eine Idee.*
   - ☐ *Da kam ihm ein Gedanke.*
   - ☐ *Da fiel ihm ein Plan ein.*
   - ☐ *Gesagt, getan.*

Höhepunkt des Hauptteils

Was passiert ganz genau? Was machen die Personen?

Was ist zu sehen? 👁

Was ist zu hören? 👂

Was sprechen die Hauptpersonen? 💬

Was denken sie? 💭

Was fühlen sie? ♡ 🎭

Aufgabe:

Was jetzt passiert, haben Herr und Frau Moll nicht erwartet. Beschreibe ganz genau, was der Hund macht. Was ist zu hören und was ist zu sehen?

_____

_____

_____

_____

_____

_____

_____

_____

_____

Schluss

Der aufregende Höhepunkt der Geschichte ist vorbei. Jetzt musst du nur noch kurz schreiben, wie die Geschichte ausgeht.

Schlusssatz: Du kannst auch noch erwähnen, was die Hauptperson über das Erlebnis sagen oder denken könnte.

In der Bildergeschichte „Papa Moll und die Hundeerziehung" siehst du auf dem 5. und 6. Bild das Ende der Geschichte.

5. Bild

6. Bild

Aufgaben:

Schau dir die beiden Bilder an!

1. Was macht Papa Moll? Schreibe nicht mehr als zwei Sätze!

   _____

   _____

2. Was macht Papa Moll auf dem 5. Bild für ein Gesicht? Kreuze an!
   - ☐ *Er ist verwundert.*
   - ☐ *Er ist traurig.*
   - ☐ *Er ist ärgerlich.*
   - ☐ *Er ist müde.*

3. Wie sieht der Hund aus, als ihn der Vater ins Haus trägt? Kreuze an!
   - ☐ *müde*
   - ☐ *ängstlich*
   - ☐ *aufgeregt*
   - ☐ *zufrieden*

4. Warum sind Evi und Willy aufgewacht? Schreibe einen ganzen Satz!

_____

_____

_____

_____

5. Was könnte Papa Moll zu den Kindern sagen? Schreibe in die Sprechblase!

„ _____

_____

_____

_____

_____ "

6. Tschips soll in der Wohnung nicht weiter jaulen, damit die Kinder schlafen können. Wie kann das jetzt klappen? Schreibe den Satz zu Ende!

Endlich kehrt wieder Ruhe ein, denn _____

_____

_____

_____

_____

Musteraufsatz mit Fragen zum Text (Präsens)

Papa Moll und die Hundeerziehung

1 Eines Abends sitzen Herr und Frau Moll gut gelaunt im Wohnzimmer auf dem Sofa und
2 sehen sich einen Tierfilm im Fernsehen an. Ihr Dackel Tschips schläft zufrieden auf seiner
3 Decke.

4 Doch auf einmal wacht der Hund auf. Er hört aus dem Fernseher das Heulen von Wölfen.
5 Tschips hockt sich vor den Bildschirm und macht es ihnen nach. „Ou, ouuu, ouuuuu",
6 stimmt er in das Konzert der Wölfe ein. Erstaunt beobachtet das Ehepaar den Hund.
7 „Sei ruhig! Du weckst die Kinder!", schimpft Frau Moll. Doch der Dackel jault weiter.
8 Voller Mitleid, weil Tschips nun die Nacht im Freien verbringen muss, setzt Papa Moll ihn
9 nach einer Weile vor die Tür. Verwundert dreht das Tier sich zu Papa Moll um. Doch da
10 erinnert sich Tschips an die Wölfe im Fernsehen. Wie sie hockt er sich auf einen kleinen
11 Hügel, reckt den Hals und heult laut und unheimlich den Mond an.

12 Es dauert nicht lange, da kommt Papa Moll mit der Taschenlampe aus dem Haus. Er sieht
13 Tschips ärgerlich an und trägt dann den zufriedenen Hund wieder hinein.

14 „Das war nur Tschips", beruhigt Papa Moll seine Kinder, die ängstlich hinter der Kinder-
15 zimmertür hervorschauen.

16 Endlich kehrt wieder Ruhe ein, denn Frau Moll schaltet den Fernseher nun lieber aus.

Aufgaben:

1. In der Geschichte spielt der Hund eine wichtige Rolle. Welche Wörter werden im Aufsatz verwendet, damit das Wort „Hund" nicht so oft wiederholt werden muss?

   _____

2. Suche alle Adjektive aus dem Text, die Gefühle von Menschen oder Tieren ausdrücken!

   _____

   _____

   _____

3. Nenne die Verben, die statt „sagen" bei der wörtlichen (direkten) Rede verwendet werden. Schreibe sie in der Grundform auf!

   _____

Musteraufsatz mit Fragen zum Text (Präteritum / Imperfekt)

Papa Moll und die Hundeerziehung

1   Eines Abends saßen Herr und Frau Moll gut gelaunt im Wohnzimmer auf dem Sofa und
2   sahen sich einen Tierfilm im Fernsehen an. Ihr Dackel Tschips schlief zufrieden auf seiner
3   Decke.

4   Doch auf einmal wachte der Hund auf. Er hörte aus dem Fernseher das Heulen von
5   Wölfen. Tschips hockte sich vor den Bildschirm und machte es ihnen nach. „Ou, ouuu,
6   ouuuuu", stimmte er in das Konzert der Wölfe ein. Erstaunt beobachtete das Ehepaar
7   den Hund. „Sei ruhig! Du weckst die Kinder!", schimpfte Frau Moll. Doch der Dackel jau-
8   lte weiter. Voller Mitleid, weil Tschips nun die Nacht im Freien verbringen musste, setzte
9   Papa Moll ihn nach einer Weile vor die Tür. Verwundert drehte sich der Hund zu Papa
10 Moll um. Doch da fielen dem Tier die Wölfe aus dem Fernsehen wieder ein. Wie sie hock-
11 te er sich auf einen kleinen Hügel, reckte den Hals und heulte laut und unheimlich den
12 Mond an.

13 Es dauerte nicht lange, da kam Papa Moll mit der Taschenlampe aus dem Haus. Er sah
14 Tschips ärgerlich an und trug dann den zufriedenen Hund wieder hinein.

15 „Das war nur Tschips", beruhigte Papa Moll seine Kinder, die ängstlich hinter der Kinder-
16 zimmertür hervorschauten.

17 Endlich kehrte wieder Ruhe ein, denn Frau Moll schaltete den Fernseher nun lieber aus.

Aufgaben:

1. In der Geschichte spielt der Hund eine wichtige Rolle. Welche Wörter werden im Aufsatz
   verwendet, damit das Wort „Hund" nicht so oft wiederholt werden muss?

   _____

2. Suche alle Adjektive aus dem Text, die Gefühle von Menschen oder Tieren ausdrücken!

   _____

   _____

   _____

3. Nenne die Verben, die statt „sagen" bei der wörtlichen (direkten) Rede verwendet werden.
   Schreibe sie in der Grundform auf!

   _____

Papa Moll beim Gleitschirmfliegen

Einleitung

Wer, wann, wo, was?

In der Einleitung schreibst du, **wer** die Hauptperson der Erzählung ist und **was** sie gerade macht oder vorhat. Dabei sollen die Leser auch erfahren, **wo** sich die Hauptperson gerade befindet und **wann** die Geschichte ungefähr spielt.

In dieser Bildergeschichte steht in der Überschrift, welche Sportart Papa Moll erlernen will. Wenn du noch nie gesehen hast, wie und wo man mit dem Gleitschirm fliegen kann, dann schau dir das zweite Bild der Geschichte genau an. Mit dem Gleitschirm springt man nicht wie beim Fallschirmspringen vom Flugzeug aus hinunter.

Aufgaben:

1. In welcher Landschaft lernt Papa Moll Gleitschirmfliegen?

   _____

   _____

2. Wann hat Papa Moll wahrscheinlich Zeit, diese Sportart zu erlernen?

   _____

   _____

3. Schreibe in ein oder zwei Sätzen eine Einleitung für die Bildergeschichte.
   (*Wer? Wann? Wo? Was?*)

   _____

   _____

   _____

   _____

   _____

Hauptteil (1)

Im Hauptteil steht, was der Reihe nach geschieht und wie etwas Lustiges, Spannendes oder Besonderes passiert.

Hier geht die Geschichte schon beim ersten Bild richtig los. Alles, was für die Handlung wichtig ist, muss in deinem Text vorkommen.

Papa Moll möchte lernen, mit dem Gleitschirm zu fliegen.
Er hat schon den Gurt umgelegt, an dem der Schirm befestigt ist.

Aufgaben:

1. Wer könnte der Mann sein, der hinter Papa Moll steht?

   _____

2. Warum hat der Mann seinen Mund so weit geöffnet? Warum streckt er den Arm in die Höhe?

   _____

3. Was könnte der Mann rufen? Schreibe in die Sprechblase!

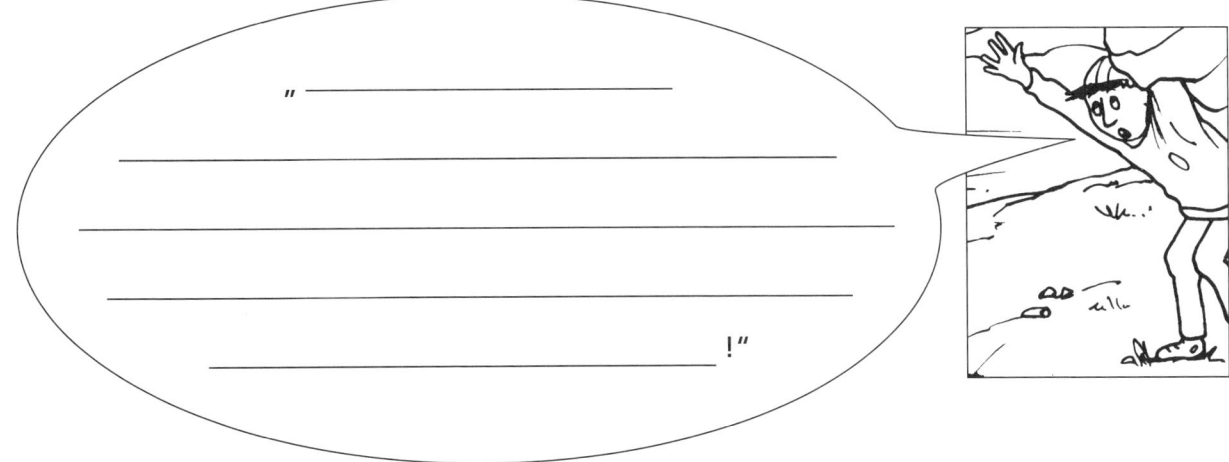

Hauptteil (2)

Im Hauptteil steht, was der Reihe nach geschieht und wie etwas Lustiges, Spannendes oder Besonderes passiert.

Papa Moll schwebt schon in der Luft.

Aufgaben:

1. Wie startet Papa Moll? Kreuze die richtige Lösung an!

   ☐ *Papa Moll springt von einem Flugzeug ab.*

   ☐ *Papa Moll springt von einem Hügel ab.*

   ☐ *Papa Moll springt von einem Berg ab.*

2. Frau Moll schaut ihrem Mann hinterher. Was könnte Sie denken? Schau dir ihre Handbewegung an! Kreuze an, was Frau Moll denken könnte oder mach einen eigenen Vorschlag!

   ☐ *„Ich wusste gar nicht, dass mein Mann so mutig ist", denkt Frau Moll.*

   ☐ *„Wenn das nur gut geht", denkt Frau Moll.*

   ☐ *„Gleitschirmfliegen möchte ich auch lernen", denkt Frau Moll.*

   ☐ *„_____*

   _____", denkt Frau Moll.

3. Die Kinder Willy und Evi winken ihrem Vater hinterher. Schau dir den Gesichtsausdruck von Willy im Vordergrund des Bildes an. Setze ein Adjektiv in den Satz ein, das zu Willys Stimmung passt!

Adjektive: *besorgt, begeistert, fröhlich, ängstlich, aufgeregt, stolz*

Willy winkt seinem Vater _____ *hinterher.*

4. Was könnte Willy denken? Kreuze an, was Willy denken könnte oder mach einen eigenen Vorschlag!

☐ *„Mann, das hätte ich Papa gar nicht zugetraut!", denkt Willy.*
☐ *„Ich würde auch gerne mitfliegen", denkt Willy.*
☐ *„Papa sollte lieber einen anderen Sport ausüben", denkt Willy.*
☐ *„_____*

_____", denkt Willy.

Steigerung im Hauptteil

Jetzt ist die Geschichte **kurz vor der wichtigsten Stelle**. Du darfst noch nicht verraten, was später geschehen wird. Wenn du am **Satzanfang** schreibst, **wie, wann** oder **wo** etwas geschieht, wird deine Geschichte spannend.

Aufgaben:

1. Wie fühlt sich Papa Moll, als er durch die Luft schwebt? Wähle ein passendes Adjektiv für den Satzanfang aus!

   Stolz, Gespannt, Aufgeregt, Gut gelaunt, Fröhlich, Ängstlich

   _____ *schwebt Papa Moll durch die Luft.*

2. Setze den richtigen Satzanfang ein!

   Vor, Über, Unter, Neben, Hinter

   _____ *Papa Moll fliegt eine Krähe.*

3. Was könnte Papa Moll denken, als die Krähe auftaucht? Kreuze eine mögliche Lösung an oder mach einen eigenen Vorschlag!

   ☐ *„Hoffentlich tut mir der Vogel nichts", denkt Papa Moll aufgeregt.*
   ☐ *„Ich fliege wie ein Vogel", denkt Papa Moll vor Freude strahlend.*
   ☐ *„Da staunst du, ich fliege genauso gut wie du", denkt Papa Moll gut gelaunt.*
   ☐ *„_____ ", denkt Papa Moll.*

Überleitung

Was geschieht zwischen den Bildern?

Im Aufsatz musst du mehr schreiben, als auf den Bildern zu sehen ist. Du musst von einem Bild zum anderen überleiten, damit die Leser deine Geschichte genau verstehen.

In der Bildergeschichte „Papa Moll beim Gleitschirmfliegen" soll die Überleitung die Spannung steigern, weil gleich danach der Höhepunkt der Geschichte kommt.

 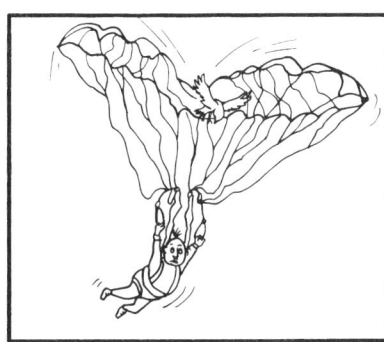

Hauptteil
Papa Moll und die Krähe fliegen nebeneinander.

Überleitung
Was passiert? Was macht die Krähe?

Höhepunkt
Der Gleitschirm funktioniert nicht mehr.

Aufgaben:

1. Kreuze den Text an, der dir besser gefällt oder schreibe eine eigene Lösung!

   A *Jetzt krächzt die Krähe, schlägt mit den Flügeln und fliegt höher hinauf. Ganz nahe am Gleitschirm sind ihr spitzer Schnabel und ihre scharfen Krallen. Da passiert es. Papa Moll hört ein lautes „Ratsch" im Stoff.*

   B *Die Krähe fliegt nach oben und zerfetzt mit ihrem spitzen Schnabel und ihren scharfen Krallen den Gleitschirm.*

   C _____
      _____
      _____

2. Warum erzählt der Text A nicht sofort, dass die Krähe den Gleitschirm zerstört?

   _____

3. Schreibe die Satzanfänge auf, die im Text A verwendet werden!

   _____
   _____

Höhepunkt des Hauptteils

Was passiert ganz genau? Was machen die Personen?

Was ist zu sehen?

Was ist zu hören?

Was sprechen die Hauptpersonen?

Was denken sie?

Was fühlen sie?

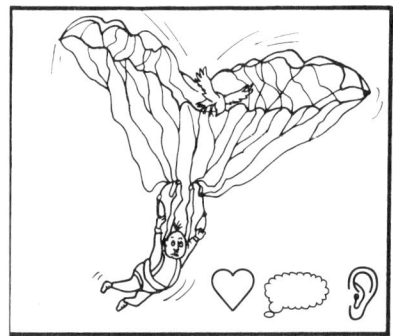 

Aufgaben:

1. Die Krähe hat den Stoff des Gleitschirms zerrissen. Suche ein Adjektiv, das Papa Molls Gefühl ausdrückt. Schreibe es in das Herz!

2. Wie könnte Papa Moll das Gefühl an seinem Körper spüren? Schreibe zwei Vorschläge ab oder mach einen eigenen Vorschlag!

    Er ist starr vor Schreck. Sein Herz rast. Sein Herz schlägt wild. Er fühlt, wie er nach unten stürzt. Es verschlägt ihm den Atem. Er spürt sich schwer wie ein Stein nach unten fallen. Er spürt, wie schnell sein Herz schlägt. Er fühlt, wie sein Puls jagt. Er spürt, wie seine Hände eiskalt und klamm werden.

    _____

    _____

    _____

3. Was könnte Papa Moll hören?

_____

4. Welche Gedanken könnten Papa Moll durch den Kopf rasen? Schreibe in die Denkblase!

Ende des Höhepunkts:

Aufgabe:

Im letzten Moment erkennt Papa Moll, dass er nicht auf der Wiese aufprallen wird.

Beschreibe, was er sieht!

_____

_____

_____

_____

_____

Schluss

Der aufregende Höhepunkt der Geschichte ist vorbei. Jetzt musst du nur noch kurz schreiben, wie die Geschichte ausgeht.

Schlusssatz: Du kannst auch noch erwähnen, was die Hauptperson über das Erlebnis sagen oder denken könnte.

In der **Bildergeschichte „Papa Moll beim Gleitschirmfliegen"** zeigt dir das letzte Bild, wie Papa Molls Flugabenteuer ausgegangen ist. Du kannst als Schlusssatz noch schreiben, was Papa Moll über sein Erlebnis denkt.

Aufgabe:

1. Worauf ist Papa Moll gelandet?

   _____

2. Wie geht es ihm?

   _____

3. Was könnte Papa Moll nach dem überstandenen Abenteuer denken?
   Schreibe in die Denkblase!

Musteraufsatz mit Fragen zum Text (Präsens)

Papa Moll beim Gleitschirmfliegen

1 Papa Moll verbringt die Ferien mit seiner Familie im Gebirge. Dort möchte er Gleitschirm-
2 fliegen lernen.

3 Hoch oben auf dem Berg hat er den Gurt umgelegt, an dem der Schirm befestigt ist.
4 Der Fluglehrer ruft ihm noch hinterher: „Halt, nicht so schnell, ich will ihnen noch etwas
5 erklären!" Doch Papa Moll rennt schon los, die Hände an den Lenkgriffen des Gleit-
6 schirms. Er läuft noch zwei Schritte, dann wirft er sich wagemutig in die Tiefe. Frau Moll
7 und die drei Kinder sehen zu, wie der Vater davonsegelt. Der gestreifte Schirm hat sich
8 aufgespannt und Papa Moll schwebt in der Luft. „Wenn das nur gut geht", denkt Frau
9 Moll besorgt. Begeistert winken Willy und Evi ihrem Vater hinterher. Aber der kann sie
10 gar nicht sehen. Er gleitet freudestrahlend durch die Luft. „Ich fliege wie ein Vogel",
11 denkt Papa Moll, als neben ihm eine Krähe auftaucht.

12 Jetzt krächzt die Krähe, schlägt mit den Flügeln und fliegt höher hinauf. Ganz nahe am
13 Gleitschirm sind nun ihr spitzer Schnabel und ihre scharfen Krallen. Da passiert es. Papa
14 Moll hört ein lautes „Ratsch" im Stoff und schon spürt er, wie er nach unten fällt. „Der
15 Schirm, der Schirm ist zerrissen", begreift Papa Moll. Sein Herz rast. Die Angst verschlägt
16 ihm den Atem. Er fühlt, wie er nach unten stürzt. Doch da, im letzten Moment, erkennt
17 Papa Moll, dass er nicht auf der Wiese aufprallen wird. Überrascht bemerkt er die Pick-
18 nickdecke unter sich. Frau Moll, Fritz, Willy und Evi haben die Ecken der Decke gepackt
19 und halten sie straff gespannt wie ein Sprungtuch. So eilig haben die Familienmitglieder
20 die Decke hochgerissen, dass der Proviant von der Decke springt.

21 Im nächsten Augenblick plumpst Papa Moll auf das Tuch, das seine Familie ausgebreitet
22 hat. Erleichtert und erschöpft sitzt er da. „Das ist ja gerade noch mal gut gegangen",
23 denkt Papa Moll. Zu seiner Familie sagt er: „Morgen gehe ich wandern. Das Fliegen über-
24 lasse ich lieber den Vögeln."

Aufgaben:

1. Papa Moll *fliegt* mit dem Gleitschirm. Im Aufsatz findest du noch andere Verben, die ausdrücken, dass Papa Moll *fliegt*. Schreibe sie in der Grundform auf!

   *fliegen,*_____

2. Unterstreiche alle Sätze, die erzählen, was Papa Moll *fühlt* und *spürt*, als der Schirm zerrissen ist.

3. Wie fühlt sich Papa Moll, als er gelandet ist? Suche die beiden Adjektive, die seine Gefühle
   beschreiben!

   _____

Musteraufsatz mit Fragen zum Text (Präteritum/Imperfekt)

Papa Moll beim Gleitschirmfliegen

1 Papa Moll verbrachte die Ferien mit seiner Familie im Gebirge. Dort wollte er Gleitschirm-
2 fliegen lernen.

3 Hoch oben auf dem Berg hatte er den Gurt umgelegt, an dem der Schirm befestigt war.
4 Der Fluglehrer rief ihm noch hinterher: „Halt, nicht so schnell, ich will ihnen noch etwas
5 erklären!" Doch Papa Moll rannte schon los, die Hände an den Lenkgriffen des Gleit-
6 schirms. Er lief noch zwei Schritte, dann warf er sich wagemutig in die Tiefe. Frau Moll
7 und die drei Kinder sahen zu, wie der Vater davonsegelte. Der gestreifte Schirm hatte
8 sich aufgespannt und Papa Moll schwebte in der Luft. „Wenn das nur gut geht", dach-
9 te Frau Moll besorgt. Begeistert winkten Willy und Evi ihrem Vater hinterher. Aber der
10 konnte sie gar nicht sehen. Er glitt freudestrahlend durch die Luft. „Ich fliege wie ein
11 Vogel", dachte Papa Moll, als neben ihm eine Krähe auftauchte.

12 Jetzt krächzte die Krähe, schlug mit den Flügeln und flog höher hinauf. Ganz nahe am
13 Gleitschirm waren nun ihr spitzer Schnabel und ihre scharfen Krallen. Da passierte es.
14 Papa Moll hörte ein lautes „Ratsch" im Stoff und schon spürte er, wie er nach unten fiel.
15 „Der Schirm, der Schirm ist zerrissen", begriff Papa Moll. Sein Herz raste. Die Angst ver-
16 schlug ihm den Atem. Er fühlte, wie er nach unten stürzte. Doch da, im letzten Moment,
17 erkannte Papa Moll, dass er nicht auf der Wiese aufprallen wird. Überrascht bemerkte er
18 die Picknickdecke unter sich. Frau Moll, Fritz, Willy und Evi hatten die Ecken der Decke
19 gepackt und hielten sie straff gespannt wie ein Sprungtuch. So eilig hatten die Familien-
20 mitglieder die Decke hochgerissen, dass der Proviant von der Decke sprang.

21 Im nächsten Augenblick plumpste Papa Moll auf das Tuch, das seine Familie ausgebreitet
22 hatte. Erleichtert und erschöpft hockte er da. „Das ist ja gerade noch mal gut gegan-
23 gen", dachte Papa Moll. Zu seiner Familie sagte er: „Morgen gehe ich wandern. Das
24 Fliegen überlasse ich lieber den Vögeln."

Aufgaben:

1. Papa Moll *flog* mit dem Gleitschirm. Im Aufsatz findest du noch andere Verben, die ausdrücken, dass Papa Moll *fliegt*. Schreibe sie in der Grundform auf!

   *fliegen,*_____

2. Unterstreiche alle Sätze, die erzählen, was Papa Moll *fühlte* und *spürte*, als der Schirm
zerriss.

3. Wie fühlte sich Papa Moll, als er gelandet war? Suche die beiden Adjektive, die seine
Gefühle beschreiben!

_____

Achtung – bissig!

Einleitung

In der Einleitung schreibst du, **wer** die Hauptperson der Geschichte ist und **was** sie gerade macht oder vorhat. Dabei sollen die Leser auch erfahren, **wo** sich die Hauptperson gerade befindet und **wann** ungefähr die Geschichte spielt.

Aufgaben:

1. *Wer* ist die Hauptperson? Gib dem Mädchen einen Namen! _____
   (Du kannst diesen Namen dann in deinem Aufsatz verwenden.)

2. *Was* macht das Mädchen gerade? Was könnte es in die Briefkästen stecken? Kreuze an!
   ☐ Briefe   ☐ Zeitschriften
   ☐ Einladungen   ☐ Prospekte

3. *Wo* ist das Mädchen unterwegs? Streiche durch, was sicher nicht stimmt.
   ☐ In seinem Viertel
   ☐ In einer fremden Stadt
   ☐ In seiner Nachbarschaft

4. *Wann* könnte das Mädchen diese Arbeit machen? Suche eine passende Zeitangabe aus oder mach einen eigenen Vorschlag!
   ☐ An einem Tag im Frühjahr
   ☐ Jeden Donnerstag
   ☐ Jeden Samstag
   ☐ An einem schwülen Sommertag

   _____

5. Schreibe einen Einleitungssatz, in dem alle Informationen enthalten sind.
   (*Wer? Was? Wo? Wann?*)

   _____

   _____

Hauptteil

Im Hauptteil steht, was der Reihe nach geschieht und wie etwas Lustiges, Aufregendes oder Besonderes passiert.

Hier wohnen mehrere Familien in einem Haus.

Hier wohnt nur eine Familie.

Aufgaben:

1. In Jennys Gegend gibt es unterschiedliche Häuser. Wo verteilt Jenny die Prospekte zuerst und wo danach? Vervollständige die Sätze!

   Zuerst verteilt Jenny die Prospekte _____ _____

   Danach geht sie zu _____

2. Warum hat Jenny im 2. Bild die Gartentür geöffnet und geht zum Haus?

   _____

   _____

   _____

3. Kreuze die richtige Lösung an!
   ☐ *Jenny sieht einen Hund neben dem Busch liegen.*
   ☐ *Der Garten sieht ganz verlassen aus.*

Höhepunkt des Hauptteils

Was passiert ganz genau? Was machen die Personen?

Was ist zu sehen? 👁

Was ist zu hören? 👂

Was sprechen die Hauptpersonen? 💬

Was denken sie? 💭

Was fühlen sie? ♡ 🎭

Hier wird es spannend.

Aufgaben:

1. Verändere bei den Sätzen die Wortstellung! Schreibe am Satzanfang wann, wie oder wo etwas geschieht.

    a) *Jenny hört auf einmal ein Geräusch.*

    _____

    b) *Ein Hund rennt mit lautem Gekläff heran.*

    _____

    c) *Er bleibt zwischen Haus und Garage stehen.*

    _____

    d) *Das Tier fletscht gefährlich seine Zähne.*

    _____

2. Was kann Jenny hören?

    _____

3. Jenny starrt den Hund erschrocken an. Woran erkennst du in Jennys Gesicht, dass sie Angst hat?

_____

_____

_____

4. Wie könnte sie ihre Angst spüren? Erinnere dich, was du gefühlt hast, wenn du riesige Angst hattest. Sieh dir zu dieser Frage auch das 4. Bild an. Dort siehst du, was Jenny in ihrer Angst gespürt hat.

_____

_____

_____

_____

5. Was könnte Jenny denken, als der Hund vor ihr steht? Schreibe in die Denkblase!

Schluss

Der aufregende Höhepunkt der Geschichte ist vorbei. Jetzt musst du nur noch kurz schreiben, wie die Geschichte ausgeht.

Schlusssatz: Du kannst auch noch erwähnen, was die Hauptperson über das Erlebnis sagen oder denken könnte.

In der Bildergeschichte „Achtung – bissig!" siehst du auf dem 5. Bild, wie die Geschichte zu Ende geht. Das 6. Bild zeigt dir, wie sich Jenny nach dem Erlebnis fühlt. So kannst du dir für den Schlusssatz gut überlegen, was sie sagen oder denken könnte.

Erleichtert sieht Jenny, dass
die Gefahr vorbei ist.

Aufgaben:

1. Schreibe kurz, was auf dem 5. Bild passiert.

   _____

   _____

2. Was könnte Jenny denken oder sagen? Schreibe entweder in die Denkblase oder in die Sprechblase.

Musteraufsatz mit Fragen zum Text (Präsens)

Achtung – bissig!

 1   Wie jeden Donnerstag trägt Jenny Prospekte in ihrem Viertel aus.

 2   Jenny kennt die Strecke gut. Erst geht sie zu den Häusern, in denen mehrere Familien
 3   wohnen. In jeden Briefkasten neben der Tür steckt sie einen Prospekt. Schon ist ihr
 4   Umhängebeutel leichter. Danach sind die Einfamilienhäuser an der Reihe.

 5   Jenny öffnet die erste Gartentür und geht auf den Briefkasten zu, der an der Hauswand
 6   hängt. Ganz verlassen sieht die Einfahrt aus. Plötzlich hört das Mädchen ein Geräusch.
 7   Ein Schnauben – und mit lautem Gekläff taucht ein Hund zwischen Haus und Garage auf.
 8   Mit offenem Maul, die Zunge hängt ihm heraus, stellt er sich breitbeinig in den Weg und
 9   bellt. Wie angewurzelt bleibt Jenny stehen und starrt mit weit aufgerissenen Augen den
10   Wachhund an. „Der war doch immer eingesperrt", denkt sie erschrocken. Ihr Herz klopft
11   wild. Ihre Knie zittern und sie beginnt zu schwitzen. Sie öffnet den Mund, aber sie bringt
12   keinen Ton über die Lippen. Das Tier kommt immer näher. „Gleich geht er auf mich los",
13   fährt es Jenny durch den Kopf. Doch da hört sie eine Männerstimme: „Aus, Ringo, hier-
14   her!" Ein Mann in Gummistiefeln läuft herbei und packt den Hund am Halsband.

15   Erleichtert atmet Jenny durch. „Das war Rettung in letzter Sekunde", denkt sie.

Aufgabe:

Jenny spürt ihre Angst am ganzen Körper. Schreibe alle Stellen aus dem Text ab, in denen
beschrieben wird, wie sich die Angst körperlich zeigt.

_____

_____

_____

_____

_____

Musteraufsatz mit Fragen zum Text (Präteritum / Imperfekt)

Achtung – bissig!

1 Wie jeden Donnerstag trug Jenny Prospekte in ihrem Viertel aus.

2 Jenny kannte die Strecke gut. Erst ging sie zu den Häusern, in denen mehrere Familien
3 wohnten. In jeden Briefkasten neben der Tür steckte sie einen Prospekt. Schon war ihr
4 Umhängebeutel leichter. Danach waren die Einfamilienhäuser an der Reihe.

5 Jenny öffnete die erste Gartentür und ging auf den Briefkasten zu, der an der Hauswand
6 hing. Ganz verlassen sah die Einfahrt aus. Plötzlich hörte das Mädchen ein Geräusch. Ein
7 Schnauben – und mit lautem Gekläff tauchte ein Hund zwischen Haus und Garage auf.
8 Mit offenem Maul, die Zunge hing ihm heraus, stellte er sich breitbeinig in den Weg und
9 bellte. Wie angewurzelt blieb Jenny stehen und starrte mit weit aufgerissenen Augen
10 den Wachhund an. „Der war doch immer eingesperrt", dachte sie erschrocken. Ihr Herz
11 klopfte wild. Ihre Knie zitterten und sie begann zu schwitzen. Sie öffnete den Mund,
12 aber sie brachte keinen Ton über die Lippen. Das Tier kam immer näher. „Gleich geht
13 er auf mich los", fuhr es Jenny durch den Kopf. Doch da hörte sie eine Männerstimme:
14 „Aus, Ringo, hierher!" Ein Mann in Gummistiefeln lief herbei und packte den Hund am
15 Halsband.

16 Erleichtert atmete Jenny durch. „Das war Rettung in letzter Minute", dachte sie.

Aufgabe:

Jenny spürte ihre Angst am ganzen Körper. Schreibe alle Stellen aus dem Text ab, in denen
beschrieben wird, wie sich die Angst körperlich zeigt.

_____

_____

_____

_____

_____

_____

Ein Wunsch geht in Erfüllung

Einleitung

In der Einleitung schreibst du, **wer** die Hauptperson der Geschichte ist und **was** sie gerade macht oder vorhat. Dabei sollen die Leser auch erfahren, **wo** sich die Hauptperson gerade befindet und **wann** die Geschichte ungefähr spielt.

Wenn du dir die ersten beiden Bilder der Geschichte ansiehst, findest du alle Informationen für deine Einleitung.

Aufgaben:

1. *Wer* ist die Hauptperson? Gib dem Jungen einen Namen. _____
   (Du kannst diesen Namen dann in deinem Aufsatz verwenden.)

   Warum ist auch wichtig, dass er mit seinen Eltern unterwegs ist?

   _____

2. *Was* hat die Familie vor? Im 2. Bild siehst du deutlich, was die Mutter in der Hand trägt!

   _____

3. *Wo* befindet sich die Familie? Kreuze an!
   ☐ *Im Einkaufszentrum*   ☐ *In der Stadt*
   ☐ *Im Stadtpark*   ☐ *Auf dem Markt*

4. *Wann* könnte die ganze Familie am besten gemeinsam einkaufen?

   _____

5. Schreibe einen Einleitungssatz, in dem alle Informationen enthalten sind!
   (*Wer? Was? Wo? Wann?*)

   _____

   _____

Hauptteil (1)

Im Hauptteil steht, was der Reihe nach geschieht und wie etwas Lustiges, Spannendes oder Überraschendes passiert.

Luis hat im Schaufenster
etwas entdeckt.

Die Eltern wollen nicht mit
Luis ins Geschäft gehen.

Aufgaben:

1. Luis hat im Schaufenster etwas entdeckt. Was könnte er zu seinen Eltern sagen? Schreibe in die Sprechblase.

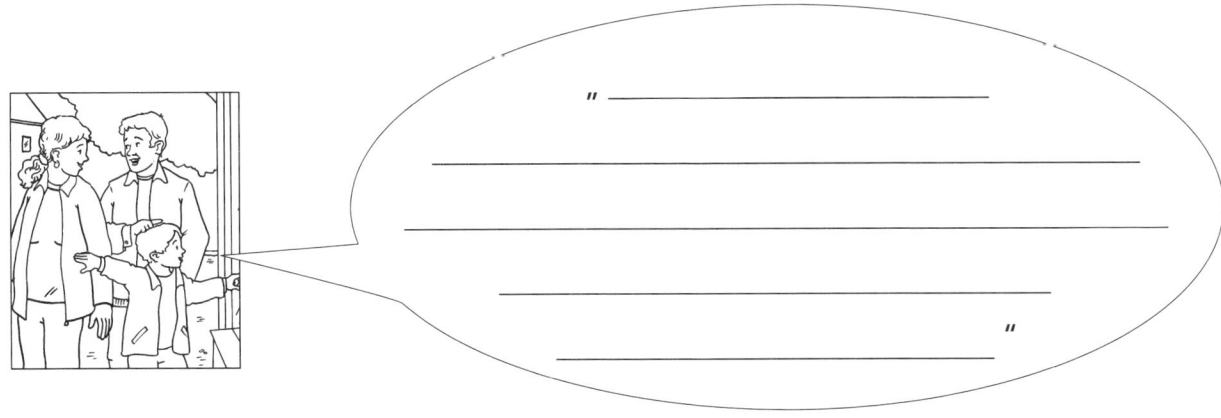

2. Luis zieht die Mutter am Arm. Was könnte er zu ihr sagen?

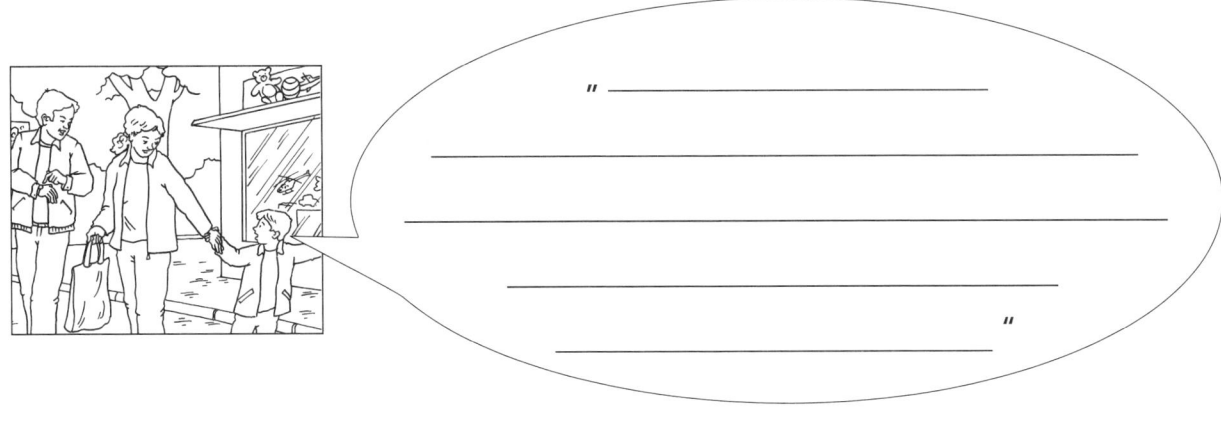

3. Die Eltern gehen nicht mit Luis in das Spielwarengeschäft. Was könnten die Eltern sagen?
   Schreibe in die Sprechblasen!

„_____

_____

_____

_____

                                    „
_____

„_____

_____

_____

_____

                                    „
_____

Hauptteil (2)

Im Hauptteil steht, was der Reihe nach geschieht und wie etwas Lustiges, Spannendes oder Überraschendes passiert.

Aufgabe:

Luis ist enttäuscht, weil seine Eltern ihm den Hubschrauber nicht kaufen wollen. Was könnte er denken? Ergänze die wörtliche (direkte) Rede!

Enttäuscht denkt Luis: „ _____

_____ "

Überleitung

Was geschieht zwischen den Bildern? Verbinde die Bilder mit Worten!

Im Aufsatz musst du mehr schreiben, als du auf den Bildern siehst. Du musst von einem Bild zum anderen überleiten, damit die Leser deine Geschichte genau verstehen.

Wenn dein Aufsatz Überleitungen enthält, verstehen ihn die Leser besonders gut.

 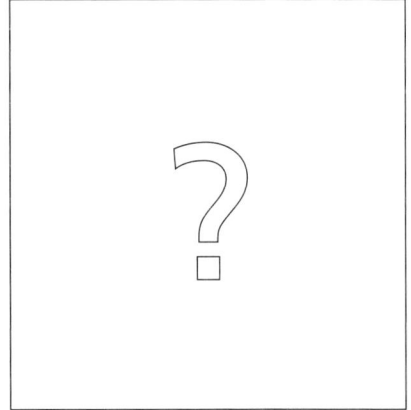 

Aufgabe:

Zwischen dem 3. und dem 4. Bild vergehen ein paar Tage oder Wochen. Du kannst selbst entscheiden, wie viel Zeit vergeht, bis Luis Geburtstag hat. Ergänze den Überleitungssatz!

_____ *später hat Luis Geburtstag.*

Steigerung im Hauptteil

Jetzt ist die Geschichte **kurz vor der wichtigsten Stelle**. Du darfst noch nicht verraten, was später geschehen wird. Wenn du am **Satzanfang** schreibst, **wie, wann** oder **wo** etwas geschieht, wird deine Geschichte **spannend**.

Aufgaben:

1. Verändere den Satzanfang, indem du die Worte umstellst.

   Der Geburtstagskuchen steht auf dem Tisch.

   _____

   _____

2. Wähle ein passendes Adjektiv für den Satzanfang!

   mutig, aufgeregt, unsicher, ängstlich, angestrengt, begeistert

   _____ *bläst Luis die Kerzen aus.*

3. Schau dir das Bild an! Was muss noch in deinem Aufsatz vorkommen?

   _____

   _____

   _____

Der Höhepunkt des Hauptteils

Was passiert ganz genau? Was machen die Personen?

Was ist zu sehen? 👁

Was ist zu hören? 👂

Was sprechen die Hauptpersonen? 💬

Was denken sie? 💭

Was fühlen sie? ♡ 🎭

Aufgaben:

1. Luis packt ein Geschenk aus. Schau dir seinen Gesichtausdruck auf dem linken Bild an! Unterstreiche die Adjektive, die zu seinem Gesichtsausdruck passen!

   begeistert, überrascht, erfreut, traurig, ungläubig

2. Setze ein passendes Adjektiv an den Satzanfang, so wird die Erzählung spannender!

   _____ *sieht Luis auf die Schachtel.*

3. Was für ein Geräusch könnte das Geschenkpapier machen?

   _____

4. Warum schauen die Eltern Luis so gespannt zu, als er das Geschenk öffnet? Antworte mit einem ganzen Satz!

   _____

5. In der Bildergeschichte „Ein Wunsch geht in Erfüllung" siehst du auf dem letzten Bild ganz deutlich die Gefühle der Hauptperson. Schau das Gesicht von Luis an! Woran erkennst du, dass der Junge sich freut?

   _____

   _____

Schluss

Der aufregende Höhepunkt der Geschichte ist vorbei. Jetzt musst du nur noch kurz schreiben, wie die Geschichte ausgegangen ist.

Schlusssatz: Du kannst auch erwähnen, was die Hauptperson über das Erlebnis sagen oder denken könnte.

In der Bildergeschichte „Ein Wunsch geht in Erfüllung" hast du schon im vorletzten Bild gesehen, wie die Geschichte ausgegangen ist. Im letzten Bild siehst du, wie sich Luis fühlt. Du kannst als Schlusssatz schreiben, was Luis jetzt zu seinen Eltern sagt.

Aufgabe:

Auf dem letzten Bild siehst du, wie Luis sich über das Geschenk freut. Was könnte er zu seinen Eltern sagen? Ergänze die wörtliche (direkte) Rede mit einem ganzen Satz!

Freudestrahlend sagt Luis: „_____

_____

_____

_____ "

Musteraufsatz mit Fragen zum Text (Präsens)

Ein Wunsch geht in Erfüllung

1 An einem Samstagvormittag sind Luis und seine Eltern in der Stadt, um Einkäufe zu
2 machen.

3 Als sie an einem Spielwarengeschäft vorbeikommen, entdeckt Luis einen Hubschrau-
4 ber im Schaufenster. „Mama schau, da ist der Rettungshubschrauber, den ich dir schon
5 im Katalog gezeigt habe!", ruft Luis begeistert. „Ja tatsächlich, das ist der gleiche",
6 antwortet Mama. Der Hubschrauber gefällt auch Papa. „Bitte, gehen wir ins Geschäft,
7 so einen Hubschrauber wünsch ich mir schon so lange", drängelt Luis und zieht seine
8 Mutter am Arm. Aber Papa ist dagegen. Er erklärt: „Wir haben jetzt keine Zeit. Die
9 Geschäfte machen bald zu und wir müssen noch so viel erledigen." Auch die Mutter will
10 jetzt nicht in das Spielwarengeschäft gehen. „Heute geht es wirklich nicht", sagt sie. Die
11 Eltern gehen weiter, aber Luis will seine Mutter zum Spielwarengeschäft zurückziehen.
12 Er bettelt ungeduldig: „Bitte, Mama, bitte, kauf mir den Hubschrauber." Doch die Eltern
13 bleiben hart. Enttäuscht denkt Luis: „Das ist gemein. Die Erwachsenen können immer
14 bestimmen."

15 Ein paar Wochen später hat Luis Geburtstag. Die Eltern haben ihm den Geburtstagstisch
16 hergerichtet. Angestrengt bläst Luis die acht Kerzen auf dem Kuchen aus. Danach öffnet
17 er das eckige Päckchen. Seine Eltern sehen ihm erwartungsvoll dabei zu. Das Geschenk-
18 papier knistert. Überrascht schaut Luis die Schachtel an. Tatsächlich, in der Packung
19 ist der Hubschrauber, den er sich schon so lange wünscht! Freudestrahlend bedankt
20 sich Luis: „Danke Mama, danke Papa, ich hab schon gar nicht mehr geglaubt, dass ich
21 den Rettungshubschrauber bekomme." Den ganzen Nachmittag spielt Luis mit seinem
22 Geburtstagsgeschenk.

Aufgaben:

1. In der Geschichte kommen viele wörtliche (direkte) Reden vor. Suche alle Verben, die statt
   „sagen" verwendet werden. Schreibe sie in der Grundform auf.

   _____

   _____

2. Luis zeigt seine Gefühle. Er ist zum Beispiel *begeistert*, als er den Hubschrauber sieht.
   Schreibe alle Adjektive auf, die seine Gefühle in der Geschichte beschreiben.

   begeistert, _____

   _____

Musteraufsatz mit Fragen zum Text (Präteritum / Imperfekt)

Ein Wunsch geht in Erfüllung

1 An einem Samstagvormittag waren Luis und seine Eltern in der Stadt, um Einkäufe zu
2 machen.

3 Als sie an einem Spielwarengeschäft vorbeikamen, entdeckte Luis einen Hubschrauber im
4 Schaufenster. „Mama schau, da ist der Rettungshubschrauber, den ich dir schon im Kata-
5 log gezeigt habe!", rief Luis begeistert. „Ja tatsächlich, das ist der gleiche", antwortete
6 Mama. Der Hubschrauber gefiel auch Papa. „Bitte, gehen wir ins Geschäft, so einen Hub-
7 schrauber wünsch ich mir schon so lange", drängelte Luis und zog seine Mutter am Arm.
8 Aber Papa war dagegen. Er erklärte: „Wir haben jetzt keine Zeit. Die Geschäfte machen
9 bald zu und wir müssen noch so viel erledigen." Auch die Mutter wollte nicht in das
10 Spielwarengeschäft gehen. „Heute geht es wirklich nicht", sagte sie. Die Eltern gingen
11 weiter, aber Luis wollte seine Mutter zum Spielwarengeschäft zurückziehen. Er bettelte
12 ungeduldig: „Bitte, Mama, bitte, kauf mir den Hubschrauber." Doch die Eltern blieben
13 hart. Enttäuscht dachte Luis: „Das ist gemein. Die Erwachsenen können immer bestim-
14 men."

15 Ein paar Wochen später hatte Luis Geburtstag. Die Eltern hatten ihm den Geburtstags-
16 tisch hergerichtet. Angestrengt blies Luis die acht Kerzen auf dem Kuchen aus. Danach
17 öffnete er das eckige Päckchen. Seine Eltern sahen ihm erwartungsvoll dabei zu. Das
18 Geschenkpapier knisterte. Überrascht sah Luis die Schachtel an. Tatsächlich, in der
19 Packung lag der Hubschrauber, den er sich schon so lange gewünscht hatte! Freude-
20 strahlend bedankte sich Luis: „Danke Mama, danke Papa, ich hab schon gar nicht mehr
21 geglaubt, dass ich den Rettungshubschrauber bekomme." Den ganzen Nachmittag
22 spielte Luis mit seinem Geburtstagsgeschenk.

Aufgaben:

1. In der Geschichte kommen viele wörtliche (direkte) Reden vor. Suche alle Verben, die statt
   „sagen" verwendet werden. Schreibe sie in der Grundform auf.

   _____

   _____

2. Luis zeigte seine Gefühle. Er war zum Beispiel *begeistert*, als er den Hubschrauber sah.
   Schreibe alle Adjektive auf, die seine Gefühle in der Geschichte beschreiben.

   begeistert, _____

   _____

Wer andern eine Grube gräbt

 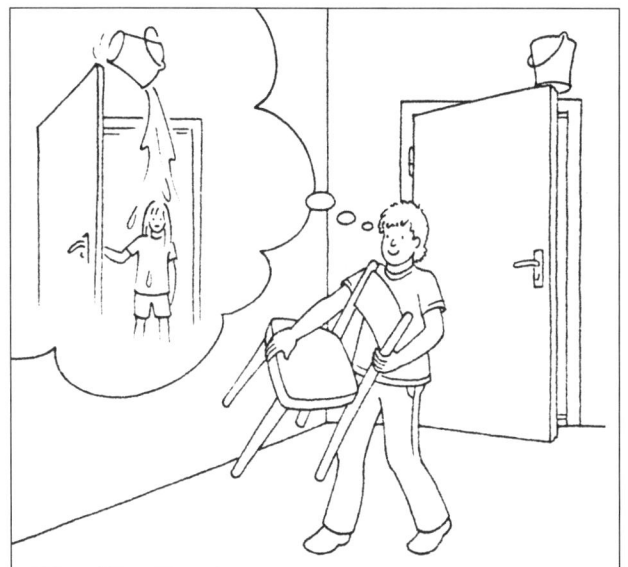

Einleitung

In der Einleitung schreibst du, **wer** die Hauptperson der Geschichte ist und **was** sie gerade macht oder vorhat. Dabei sollen die Leser auch erfahren, **wo** sich die Hauptperson gerade befindet und **wann** die Geschichte ungefähr spielt.

In der Bildergeschichte „Wer andern eine Grube gräbt …" fehlt ein Bild für die Einleitung. Du musst in den Einleitungssätzen schreiben, was der Junge plant, darfst aber noch keine Einzelheiten der Handlung erzählen.

Einleitung:
Wer? Was? Wann? Wo?

1. Bild: Hier ist die Handlung schon in vollem Gange.

Aufgaben:

1. *Wer* ist die Hauptperson? Gib dem Jungen einen Namen! _____
   (Du kannst diesen Namen dann in deinem Aufsatz verwenden.)

2. *Was* hat er vor? Streiche durch, was keinen Sinn ergibt!
   Er will seine Schwester ärgern.
   Er möchte seine Schwester zum Lachen bringen.
   Er will seiner Schwester einen Streich spielen.
   Er will seine Schwester sauber machen.

3. *Wo* befindet sich der Junge? Kreuze die richtige Lösung an!
   ☐ *Im Haus*
   ☐ *Vor dem Haus*
   ☐ *In der Schule*

4. Kreuze die richtige Antwort an!
   ☐ *Tim ist mit seiner Familie zu Hause.*
   ☐ *Tim ist allein zu Hause.*
   ☐ *Tim ist mit seiner Schwester zu Hause.*
   ☐ *Tim ist allein bei Freunden zu Besuch.*

5. *Wann* könnte der Junge allein zu Hause sein, um seinen Plan auszuführen? Begründe deine Antwort!

_____

_____

_____

_____

6. In der Geschichte „Wer andern eine Grube gräbt …" fehlt ein Bild für die Einleitung. Du musst in den Einleitungssätzen schreiben, dass der Junge etwas plant, darfst aber noch keine Einzelheiten der Handlung verraten.
Schreibe die Einleitung (*Wer? Was? Wann? Wo?*). Schreibe nicht mehr als drei kurze Sätze!

_____

_____

_____

_____

_____

_____

_____

Überleitung

Was geschieht zwischen den Bildern? Verbinde die Bilder mit Worten!

Im Aufsatz musst du mehr schreiben, als du auf den Bildern siehst. Du musst von einem Bild zum anderen überleiten, damit die Leser deine Geschichte genau verstehen.

Wenn dein Aufsatz Überleitungen enthält, verstehen ihn die Leser besonders gut.

Wer? Was? Wann? Wo?	Tim hat schon eine Idee. Tim hat einen Einfall. Da fällt Tim etwas ein.	
Einleitung	Überleitung	Hauptteil: Hier ist schon einiges passiert.

Aufgabe:

Suche dir einen der drei Überleitungssätze aus oder schreibe einen eigenen Überleitungs-satz. Schreibe deinen Überleitungssatz hier auf!

_____

_____

_____

_____

Hauptteil (1)

Im Hauptteil steht, was der Reihe nach geschieht und wie etwas Lustiges, Spannendes oder Überraschendes passiert.

 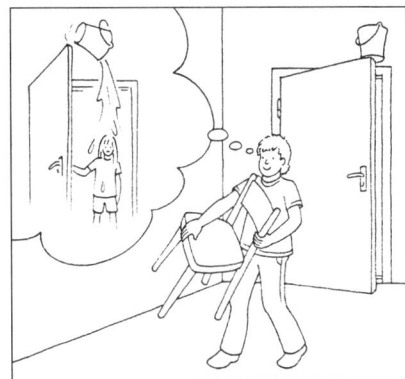

Hauptteil:
Hier ist schon einiges passiert.

Aufgaben:

Tim plant einen Streich. Auf dem1. Bild hat er schon einiges vorbereitet.

1. Was hat Tim alles für seinen Streich geholt?

   _____

2. Warum hat er die Tür einen Spalt breit geöffnet?

   _____

3. Was macht er gerade auf dem 1. Bild?

   _____

4. Erzähle der Reihe nach, wie Tim seinen Streich vorbereitet. Schreibe die Sätze zu Ende.

   Zuerst _____

   Danach _____

   Dann _____

5. Auf dem 2. Bild siehst du, was Tim zuletzt macht. Ergänze den Satz!

   Zuletzt _____

6. Warum schaut Tim so fröhlich aus, als er den Stuhl zurückbringt?

   _____

7. Als Tim den Stuhl zurückbringt, hat er einen Gedanken. Schreibe die wörtliche (direkte) Rede in die Lücke!

   Gut gelaunt denkt Tim: „ _____ "

Überleitung

Was geschieht zwischen den Bildern?

Im Aufsatz musst du mehr schreiben, als du auf den Bildern siehst. Du musst von einem Bild zum anderen überleiten, damit die Leser deine Geschichte genau verstehen.

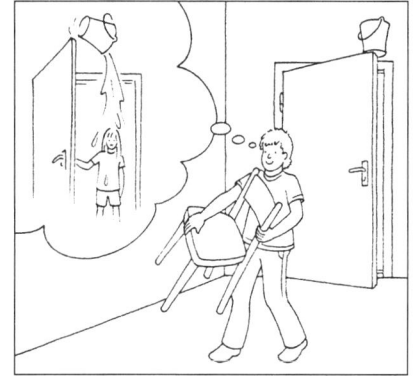

2. Bild

Überleitung

3. Bild

Aufgabe:

Wähle den Überleitungssatz aus, der dir am besten gefällt, oder überlege dir einen eigenen Überleitungssatz!

a) *Jetzt kann Tim nur noch warten, bis seine Schwester nach Hause kommt.*

b) *Nun muss Tim warten, bis seine Schwester vom Sport nach Hause kommt.*

c) *Alles ist vorbereitet, jetzt muss Tim warten.*

d) _____

_____

_____

Hauptteil (2)

Im Hauptteil steht, was der Reihe nach geschieht und wie etwas Lustiges, Spannendes oder Überraschendes passiert.

Aufgaben:

1. Was macht Tim, während er auf seine Schwester wartet? Schreibe einen ganzen Satz!

   _____

   _____

   _____

2. Worauf sitzt er?

   _____

3. Schau dir den Gesichtsausdruck von Tim an! Welche Adjektive passen für seine Laune?
   Kreuze an!

   ☐ *gespannt*

   ☐ *vergnügt*

   ☐ *gut gelaunt*

   ☐ *zufrieden*

Steigerung im Hauptteil

Jetzt ist die Geschichte **kurz vor der wichtigsten Stelle**. Du darfst noch nicht verraten, was später geschehen wird. Wenn du am Satzanfang schreibst, **wie, wann** oder **wo** etwas geschieht, wird deine Geschichte **spannend**.

Aufgaben:

Stelle die Satzteile um! Am Satzanfang soll stehen, *wie, wann* oder *wo* etwas geschieht!

1. *Es klingelt jetzt an der Tür.*

   _____

   _____

2. *Ein Wagen vom Paketdienst steht vor dem Haus.*

   _____

   _____

3. *Der Postbote klingelt noch einmal schrill und ungeduldig.*

   _____

   _____

Der Höhepunkt des Hauptteils

Was passiert ganz genau? Was machen die Personen?

Was ist zu sehen? 👁

Was ist zu hören? 👂

Was sprechen die Hauptpersonen? 💬

Was denken sie? 💭

Was fühlen sie? ♡ 🎭

Aufgaben:

Tim hat die Tür geöffnet und der Eimer ist ihm selbst auf den Kopf gefallen.

1. Beschreibe wie Tim jetzt aussieht. Ergänze die Sätze.

   Der Eimer sitzt auf seinem Kopf wie _____

   Das Wasser _____

2. Der Paketbote lächelt, als er Tim sieht. Was könnte der Mann sagen?
   Ergänze die wörtliche (direkte) Rede!

   „ _____ ", *sagt der Paketbote.*

3. Wie geht es Tim, als er patschnass vor dem Paketboten steht? Kreuze an!
   - ☐ *Tim schämt sich.*
   - ☐ *Tim ist stolz.*
   - ☐ *Tim findet es lustig.*
   - ☐ *Tim ist es peinlich.*

Schluss

Der aufregende Höhepunkt der Geschichte ist vorbei. Jetzt musst du nur noch kurz schreiben, wie die Geschichte ausgeht.

Schlusssatz: Du kannst auch noch erwähnen, was die Hauptperson über dieses Erlebnis sagen oder denken könnte.

Bei der Bildergeschichte „Wer andern eine Grube gräbt" hast du schon auf dem 5. Bild gesehen, wie die Geschichte ausgegangen ist. Du kannst jetzt noch kurz schreiben, was Tim nach dem missglückten Streich macht oder darüber denkt.

Schlusssatz

Aufgabe:

1. Der Streich ist missglückt. Sieh dir an, was passiert ist! Was wird Tim jetzt machen? Schreibe in ganzen Sätzen.

_____

_____

_____

_____

2. Was könnte Tim denken? Kreuze eine passende Lösung an!
   - ☐ *Das ist noch einmal gut gegangen!*
   - ☐ *Den Tag werde ich nicht so schnell vergessen!*
   - ☐ *Wer andern eine Grube gräbt, fällt selbst hinein.*
   - ☐ *Ende gut, alles gut!*
   - ☐ *Ich glaube, dieser Streich war keine so gute Idee!*

Musteraufsatz mit Fragen zum Text (Präsens)

Wer andern eine Grube gräbt, fällt selbst hinein

1 An einem Samstagvormittag ist Tim allein zu Hause. Das ist eine gute Gelegenheit, seiner
2 Schwester einen Streich zu spielen. Der Junge hat auch schon eine Idee.

3 Zuerst holt Tim einen Stuhl und einen Eimer mit Wasser. Danach öffnet er die Haustür
4 einen Spalt breit. Dann steigt er auf den Stuhl und stellt den Eimer vorsichtig auf die
5 leicht geöffnete Tür. Zuletzt räumt Tim den Stuhl wieder weg. Gut gelaunt denkt er:
6 „Cool, wenn Anna nach Hause kommt, macht sie die Tür auf, dann kippt der Eimer um
7 und Anna bekommt das Wasser auf den Kopf."

8 Nun muss Tim nur noch warten, bis seine Schwester nach Haus kommt. Er setzt sich
9 gemütlich in den Wohnzimmersessel und liest zufrieden einen Detektivroman. Plötz-
10 lich klingelt es an der Tür. Vor dem Haus steht der Wagen des Paketdienstes. Schrill und
11 ungeduldig läutet der Postbote noch einmal. Tim springt auf, läuft zur Haustür und
12 öffnet sie neugierig. Mit einem Platsch fällt der volle Wassereimer herunter und landet
13 auf Tims Kopf. Der Eimer sitzt auf seinem Kopf wie ein Hut. Das Wasser rinnt ihm in den
14 Kragen, über sein T-Shirt und bildet auf dem Boden eine Pfütze. Als der Paketbote Tim so
15 sieht, lächelt er und sagt: „Hast du gerade geduscht?" Das ist Tim richtig peinlich. Ohne
16 ein Wort zu sagen, nimmt er das Paket, räumt den Eimer weg und zieht sich trockene
17 Sachen an. Die Lust auf einen Streich ist ihm gründlich vergangen.

Aufgaben:

1. Im Hauptteil wird beschrieben, was Tim nacheinander macht, um den Streich vorzubereiten. Welche drei Satzanfänge werden dabei verwendet?

   _____

   _____

2. Adjektive machen den Text lebendig. Lies den Text von Zeile 8 bis 12. Suche alle Adjektive und schreibe sie auf.

   _____

   _____

3. Was macht Tim, als der Streich schief gegangen ist? Ergänze den Satz.

   Tim _____

   _____

Musteraufsatz mit Fragen zum Text (Präteritum / Imperfekt)

Wer andern eine Grube gräbt, fällt selbst hinein

1 An einem Samstagvormittag war Tim allein zu Hause. Das war eine gute Gelegenheit, sei-
2 ner Schwester einen Streich zu spielen. Der Junge hatte auch schon eine Idee.

3 Zuerst holte er einen Stuhl und einen Eimer mit Wasser. Danach öffnete er die Haustür
4 einen Spalt breit. Dann stieg er auf den Stuhl und stellte den Eimer vorsichtig auf die
5 leicht geöffnete Tür. Zuletzt räumte Tim den Stuhl wieder weg. Gut gelaunt dachte er:
6 „Cool, wenn Anna nach Hause kommt, macht sie die Tür auf, dann kippt der Eimer um
7 und Anna bekommt das Wasser auf den Kopf."

8 Nun musste Tim nur noch warten, bis seine Schwester nach Haus kam. Er setzte sich
9 gemütlich in den Wohnzimmersessel und las zufrieden einen Detektivroman. Plötzlich
10 klingelte es an der Tür. Vor dem Haus stand der Wagen des Paketdienstes. Schrill und
11 ungeduldig läutete der Postbote jetzt noch einmal. Da sprang Tim auf, lief zur Haustür
12 und riss sie neugierig auf. Mit einem Platsch fiel der volle Wassereimer herunter und lan-
13 dete auf Tims Kopf. Der Eimer steckte auf seinem Kopf wie ein Hut. Das Wasser rann ihm
14 in den Kragen, über sein T-Shirt und bildete auf dem Boden eine Pfütze. Als der Paket-
15 bote Tim so sah, lächelte er und sagte: „Hast du gerade geduscht?" Das war Tim richtig
16 peinlich. Ohne ein Wort zu sagen, nahm er das Paket, räumte den Eimer weg und zog
17 sich trockene Sachen an. Die Lust auf einen Streich war ihm gründlich vergangen.

Aufgaben:

1. Im Hauptteil wird beschrieben, was Tim nacheinander machte, um den Streich vorzubereiten. Welche drei Satzanfänge werden dabei verwendet?

_____

_____

2. Adjektive machen den Text lebendig. Lies den Text von Zeile 8 bis 12. Suche alle Adjektive
und schreibe sie auf.

_____

_____

3. Was machte Tim, als der Streich schief gegangen war? Ergänze den Satz.

Tim _____

_____

Der vergessene Rucksack

Einleitung

In der Einleitung schreibst du, **wer** die Hauptperson der Geschichte ist und **was** sie gerade macht oder vorhat. Dabei sollen die Leser auch erfahren, **wo** sich die Hauptperson gerade befindet und **wann** die Geschichte ungefähr spielt.

In der Geschichte „Der vergessene Rucksack" erfährst du im 1. Bild schon einiges für deine Einleitung, du musst dir aber noch überlegen, was Lea und ihr Hund Dodo vorhaben könnten.

Einleitung

Aufgaben:

1. Woran kannst du erkennen, dass Lea nicht in die Schule fährt? Schreibe einen Satz!

    Lea _____

    _____

2. Wohin könnten Lea und Dodo mit dem Bus fahren?

    _____

3. Zu welcher Tageszeit könnte Lea unterwegs sein? Begründe deine Meinung!

    _____

    _____

4. Schreibe eine Einleitung für die Geschichte! (*Wer? Wann? Wo? Was hat sie vor?*).
    Schreibe nicht mehr als 2 Sätze.

    _____

    _____

    _____

Hauptteil

Im Hauptteil steht, was der Reihe nach geschieht und wie etwas Lustiges, Spannendes oder Überraschendes passiert.

In dieser Geschichte siehst du schon im 1. Bild Einzelheiten, die für den Verlauf der Erzählung wichtig sind.

Aufgaben:

1. Was macht Lea, als sie im Bus sitzt? Schreibe einen Satz!

   Lea _____

   _____

2. Wohin hat sie ihren Rucksack gestellt?

   _____

   _____

3. Wer sitzt gegenüber von Lea?

   _____

   _____

Steigerung im Hauptteil

Die Geschichte ist **kurz vor der wichtigsten Stelle**, als Lea bemerkt, dass sie den Rucksack vergessen hat.

Wenn du jetzt am **Satzanfang** schreibst, **wann, wie** oder **wo** etwas geschieht, wird deine Geschichte **spannend**.

Aufgaben:

1. Wähle einen Satzanfang aus oder finde eine eigene Lösung!
   Ergänze den Satz!

   An der Müllergasse, Auf einmal, Da

   _____ *bemerkt Lea, dass sie aussteigen muss.*

2. Wähle einen passenden Satzanfang aus oder finde eine eigene Lösung!
   Ergänze den Satz!

   Vorsichtig, Geduldig, Ungeduldig

   _____ *hilft Lea dem Hündchen aus dem Bus.*

3. Wähle einen Satzanfang aus oder finde eine eigene Lösung!
   Ergänze den Satz!

   Auf dem Sitz, Im Bus, Auf ihrem Sitzplatz

   _____ *liegt noch immer Leas Rucksack.*

Der Höhepunkt des Hauptteils

Was passiert ganz genau? Was machen die Personen?

Was ist zu sehen? 👁

Was ist zu hören? 👂

Was sprechen die Hauptpersonen? 💬

Was denken sie? 💭

Was fühlen sie? ♡ 🎭

Aufgaben:

1. Lea hat bemerkt, dass sie ihren Rucksack im Bus vergessen hat. Was könnte Wertvolles und Wichtiges in ihrem Rucksack sein?

   _____

2. Wer erschrickt, spürt den Schreck oft am ganzen Körper. Versuche dich an einen eigenen Schreck zu erinnern. Was könnte Lea spüren? Kreuze eine passende Formulierung an oder mach einen eigenen Vorschlag!

   ☐ *Lea fährt der Schreck in die Glieder.*

   ☐ *Lea zuckt vor Schreck zusammen.*

   ☐ *Lea bleibt vor Schreck die Luft weg.*

   ☐ *Lea* _____

3. Was könnte Lea denken, als sie den Verlust des Rucksacks bemerkt? Formuliere die wörtliche (direkte) Rede.

   Voller Schreck fällt Lea ein:

   „ _____

   _____ "

4. Was macht der alte Mann? Schreibe einen ganzen Satz!

   Der alte Mann _____

5. Lea und Dodo rennen dem Bus hinterher. Was könnte Lea rufen? Ergänze die wörtliche (direkte) Rede.

   „_____", *ruft Lea.*

6. Was sieht und hört Lea, als sie dem Bus hinterherläuft?

   _____

   _____

7. Lea kann den Bus nicht erreichen. Was spürt sie, als sie endlich stehen bleibt?
   Denke daran, wie es dir geht, wenn du gerannt bist.

   _____

8. Was könnte Lea denken, als der Bus mit ihrem Rucksack weg ist? Ergänze die wörtliche (direkte) Rede!

   „_____", *denkt Lea.*

© SCHUBI

Überleitung

Was geschieht zwischen den Bildern?

Im Aufsatz musst du mehr schreiben, als auf den Bildern zu sehen ist. Du musst von einem Bild zum anderen überleiten, damit die Leser deine Geschichte genau verstehen.

In der Bildergeschichte „Der verlorene Rucksack" musst du eine Überleitung vom 4. zum 5. Bild finden.

Lea rennt dem Bus hinterher.

Überleitung

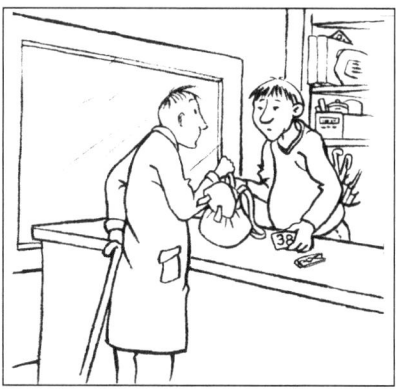

Der alte Mann gibt den Rucksack im Fundbüro ab.

Aufgaben:

Als Lea erschöpft stehen bleibt, könnte sie verschiedene Gedanken haben.
Welche Überleitung passt zu Leas Gedanken?
Verbinde die Denkblasen mit der passenden Überleitung unten!

So ein Mist! Die Sachen sehe ich nicht wieder.

Der Mann hat meinen Rucksack! Was wird er damit machen?

Wenigstens hat der alte Mann meinen Rucksack genommen. Er behält ihn bestimmt nicht.

Aber Lea hat nicht recht.

Genau so ist es.

Der alte Mann hat eine gute Idee.

Schluss

Der aufregende Höhepunkt der Geschichte ist vorbei. Jetzt musst du nur noch kurz schreiben, wie die Geschichte ausgeht.

Schlusssatz: Du kannst auch noch erwähnen, was die Hauptperson über das Erlebnis sagt oder denkt.

In der Geschichte „Der verlorene Rucksack" erfährst du durch zwei Schlussbilder, wie die Geschichte zu Ende geht.

Im Fundbüro

Im Fundbüro

Aufgaben:

1. Schreibe in einem Satz, was im vorletzten Bild geschieht!

   _____

2. Schreibe in einem Satz, was im letzten Bild geschieht!

   _____

3. Wie fühlt sich Lea, als sie ihren Rucksack wieder hat? Schau dir ihr Gesicht an. Unterstreiche die passenden Adjektive.

   erleichtert, froh, zufrieden, dankbar, lustig, erschöpft

4. Das aufregende Erlebnis ist für Lea vorbei. Du kannst in einem Schlusssatz schreiben, was Lea über ihr Erlebnis denkt. Ergänze die wörtliche (direkte) Rede!

„_____

_____", denkt Lea.

Musteraufsatz mit Fragen zum Text (Präsens)

Der vergessene Rucksack

1 An einem Nachmittag will Lea mit dem Bus zu ihrer Freundin fahren. Auch Leas Hund
2 Dodo darf mit.

3 Im Bus setzt Lea sich auf einen freien Platz. Ihren Rucksack stellt sie neben sich und
4 schaut zum Fenster hinaus. Dodo liegt auf dem Boden und mustert den alten Mann, der
5 gegenüber sitzt. Da bemerkt Lea, dass sie gleich aussteigen muss. „Schnell, Dodo, wir
6 müssen raus!", ruft sie. Vorsichtig hilft sie ihrem kleinen Hund die hohen Stufen hinun-
7 ter. Auf ihrem Sitzplatz liegt noch immer der Rucksack. Jetzt gehen zischend die Türen
8 zu und der Bus setzt sich wieder in Bewegung. Da wird es Lea eiskalt vor Schreck. „Mein
9 Rucksack, ich hab meinen Rucksack im Bus vergessen! Da ist doch mein Geld darin und
10 mein Handy", fällt ihr ein. Entsetzt dreht sie sich um und jetzt erkennt sie den alten
11 Mann am Rückfenster des Busses. Er hält ihren Rucksack in der Hand und winkt ihr auf-
12 geregt zu. Da laufen Lea und Dodo dem Bus hinterher. „Halt, stehen bleiben! Meine
13 Sachen!", ruft sie. Ihr Herz klopft rasend, so schnell rennt sie. Doch der Bus fährt weiter
14 und ist bald verschwunden. Atemlos und enttäuscht bleibt Lea stehen. Dann überlegt sie:
15 „Wenigstens hat der alte Mann meinen Rucksack gesehen. Er behält ihn bestimmt nicht."
16 Genau so ist es. Der alte Mann gibt den Rucksack beim Fundbüro ab. So kann ihn Lea
17 wieder abholen. Froh denkt sie: „Gut, dass es ehrliche Menschen gibt!"

Aufgaben:

1. Unterstreiche alle wörtlichen (direkten) Reden, in denen Lea ihre *Gedanken* ausdrückt.

2. In dieser Geschichte bewegen Lea drei verschiedene *Gefühle*. Nenne die drei Gefühle.

   _____

3. In drei Sätzen wird beschrieben, wie Lea Gefühle oder Anstrengungen körperlich spürt.
   Schreibe die 3 Sätze auf.

   _____

   _____

   _____

   _____

   _____

Musteraufsatz mit Fragen zum Text (Präteritum/Imperfekt)

Der verlorene Rucksack

1 An einem Nachmittag wollte Lea mit dem Bus zu ihrer Freundin fahren. Auch Leas Hund
2 Dodo durfte mit.

3 Im Bus setzte Lea sich auf einen freien Platz. Ihren Rucksack stellte sie neben sich und
4 schaute zum Fenster hinaus. Dodo lag auf dem Boden und musterte den alten Mann, der
5 gegenüber Platz genommen hatte. Da bemerkte Lea, dass sie gleich aussteigen muss-
6 te. „Schnell, Dodo, wir müssen raus!", rief sie. Vorsichtig half sie ihrem kleinen Hund
7 die Stufen hinunter. Auf ihrem Sitzplatz lag noch immer der Rucksack. Jetzt schlossen
8 sich zischend die Türen und der Bus setzte sich wieder in Bewegung. Da wurde es Lea
9 eiskalt vor Schreck. „Mein Rucksack, ich hab meinen Rucksack im Bus vergessen! Da ist
10 doch mein Geld drin und mein Handy", fiel ihr ein. Entsetzt drehte sie sich um und jetzt
11 erkannte sie den alten Mann am Rückfenster des Busses. Er hielt ihren Rucksack in der
12 Hand und winkte ihr aufgeregt zu. Da liefen Lea und Dodo dem Bus hinterher. „Halt,
13 stehen bleiben! Meine Sachen!", rief sie. Ihr Herz klopfte rasend, so schnell rannte sie.
14 Doch der Bus fuhr weiter und war bald verschwunden. Atemlos und enttäuscht blieb Lea
15 stehen. Dann überlegte sie: „Wenigstens hat der alte Mann meinen Rucksack gesehen.
16 Er behält ihn bestimmt nicht." Genau so war es. Der alte Mann gab den Rucksack beim
17 Fundbüro ab. So konnte ihn Lea wieder abholen. Froh dachte sie: „Gut, dass es ehrliche
18 Menschen gibt!"

Aufgaben:

1. Unterstreiche alle wörtlichen (direkten) Reden, in denen Lea ihre *Gedanken* ausdrückt.

2. In dieser Geschichte bewegen Lea drei verschiedene *Gefühle*. Nenne die drei Gefühle.

   _____

3. In drei Sätzen wird beschrieben, wie Lea Gefühle oder Anstrengungen körperlich spürt.
   Schreibe die 3 Sätze auf.

   _____

   _____

   _____

   _____

   _____

Sprachliche Mittel

Satzanfänge

Langweilig wird uns, wenn immer das Gleiche geschieht. Wenn im Fernsehen immer das gleiche Bild zu sehen wäre, würden wir abschalten.

Beginnen Sätze immer wieder mit dem gleichen Wort, verlieren wir die Lust weiterzulesen.

Besonders wenn **wir spannend schreiben wollen**, müssen wir bei den Satzanfängen vielseitig sein. Es gibt viele verschiedene Möglichkeiten, bei den Satzanfängen abzuwechseln.

Hier sind 3 einfache Möglichkeiten für unterschiedliche Satzanfänge:

1. Schreibe am **Satzanfang,** *wie* **etwas geschieht.**

2. Schreibe am **Satzanfang,** *wann* **etwas geschieht.**

3. Schreibe am **Satzanfang,** *wo* **etwas geschieht.**

Auf diese Weise musst du den Satz nicht immer damit beginnen, *wer* etwas macht.

Beispiel: Der kleine Herr Jakob schläft auf dem Holzstapel.

Satzanfang: *Wie* geschieht etwas?

Erschöpft schläft der kleine Herr Jakob auf dem Holzstapel.

Satzanfang: *Wann* geschieht etwas?

Nach der Wanderung schläft der kleine Herr Jakob auf dem Holzstapel.

oder

Jetzt schläft der kleine Herr Jakob auf dem Holzstapel.

Satzanfang: *Wo* geschieht etwas?

Ganz oben auf dem Holzstapel schläft der kleine Herr Jakob.

Satzanfänge: *Wie*

Adjektive beschreiben, **wie** jemand etwas macht: traurig ... besorgt ... aufgeregt ...
erschrocken ... enttäuscht ... fröhlich ... ärgerlich ... wütend ... ängstlich ... entsetzt ...
schadenfroh ... begeistert ... glücklich ... dankbar ... überrascht ... stolz ... beschämt ...

Aufgaben:

1. Schreibe am Satzanfang, *wie* jemand etwas macht! Suche den passenden Satzanfang und
   schreibe ihn in die Lücke!

   Ängstlich ... Neugierig ... Vorsichtig ... Enttäuscht ... Überrascht ...

_____ schaut Max
durch die Lücke im Zaun.

_____ streut
Luisa das Futter in die
Schale.

_____ hält Alina
den Teddy in den Händen.

_____ sitzt Tobias
vor dem Fernseher.

2. Ergänze die Sätze sinnvoll! *Wie* geschieht etwas?

   _____ nimmt der Sieger den Pokal entgegen.

   _____ klatschen die Zuschauer.

   _____ knallt das Kind die Tür zu.

Satzanfänge: *Wann*

Zeitangaben sagen uns, **wann und in welcher Reihenfolge** etwas geschieht: plötzlich …
auf einmal … sofort … in diesem Augenblick … im nächsten Augenblick … zuerst … danach …
zuletzt … kurze Zeit später … gleich darauf …

Aufgaben:

3. Schreibe am Satzanfang, *wann* etwas geschieht!
   Suche einen passenden Satzanfang aus und ergänze die Sätze!

   Da … Bald … Jetzt … Auf einmal …

*Die Sandburg von Sarah und Louis ist fast fertig. Sarah muss nur noch die Mauer bis
zum Turm bauen und Louis gräbt eine Toröffnung.*

*_____ sieht Louis kurz hoch und entdeckt etwas. „Schau mal", ruft er
Sarah zu, „da ist etwas im Wasser!"*

4. Schreibe am Satzanfang, *wann* etwas geschieht!

   Welcher Satzanfang passt am besten in die Lücke? Wähle den passenden Satzanfang aus
   und schreibe ihn in die Lücke!

   Plötzlich … Auf einmal … Im letzten Moment … Dann … Danach …

*Als Herr Russo sich setzen will, bemerkt er nicht, dass schon Minka auf dem Sessel liegt.
Beinahe hätte er sich auf die Katze gesetzt.*

*_____ schreckt Minka hoch, springt über die Armlehne und wirft die
Tischlampe um.*

5. Schreibe am Satzanfang, *wann* etwas geschieht!
   Suche für die Lücken passende Satzanfänge! Ergänze die Sätze!

   Jetzt ... Vorher ... Danach ... Endlich ... Am Schluss ... Plötzlich ...

   Max, Thomas und Anna warten, bis sie über den Bahnübergang fahren können. Thomas hat sein Rad an die geschlossene Schranke gelehnt. So kann er bequem zuschauen, wie Max seine Fahrradkunststücke zeigt.

   _____ ist der Zug vorbeigefahren. _____ öffnet sich die Schranke wieder. Sie geht nach oben und mit ihr Thomas' Fahrrad.

6. Schreibe sinnvolle Zeitangaben in die Lücken!

   a) *_____ räumte er das Zimmer auf, _____ holte er*

      den Staubsauger und _____ putzte er noch die Fenster.

   b) *_____ sah sie ein Licht und erschrak.*

   d) *Der Motor machte ein komisches Geräusch, _____ blieb das Auto stehen.*

Satzanfänge: *Wo*

Ortsangaben informieren darüber, **wo** etwas geschieht: hinter dem Haus … im Schulzimmer …
vor dem Tisch … über den Wolken … nebenan … auf dem Sportplatz …

Aufgaben:

7. Schreibe am Satzanfang, *wo* etwas geschieht! Ergänze die Sätze!

_____
bekommt Herr Meyer Angst.

_____
liegt ein dicker Hundehaufen.

_____ gehen
die zwei Katzen hin und her.

_____ sitzt
ein Bauer und schimpft.

8. Stelle die Satzteile so um, dass am Satzanfang steht, *wo* etwas geschieht!

a) *Ein Schlüssel lag vor der Tür.*

_____

b) *Lisa stand neben dem Laden und winkte.*

_____

d) *Sie sahen ganz oben ein Gipfelkreuz.*

_____

Wörtliche (direkte) Rede

Wir lesen eine Geschichte lieber, wenn wir erfahren, was die Personen sich erzählen. So haben wir das Gefühl, wir wären selbst dabei. Wir lesen, was der eine geheimnisvoll flüstert oder die andere wütend brüllt. Das macht die Geschichte **lebendig**. **Besonders wichtig** ist die **wörtliche (direkte) Rede** am **Höhepunkt** einer **Erzählung**. Wenn du eine Geschichte schreibst, verwende deshalb die wörtliche (direkte) Rede.

Bei Bildergeschichten musst du überlegen, **welche Personen sprechen und was sie sagen** könnten.

Schau das folgende Bild genau an! Hier kannst du an den Handbewegungen erkennen, wer etwas spricht.

So würde das Bild in einem Comic aussehen!

Wenn du einen Aufsatz schreibst, verwendest du bei der wörtlichen (direkten) Rede statt der Sprechblasen die **Satzzeichen**. Dadurch ist den Lesern klar, wann jemand spricht.
Felix antwortet: „Du spinnst wohl! Du kannst bei uns nicht mitspielen!"
Leon flüstert seinem Freund zu: „Die kann doch bestimmt keinen Ball treffen!"

Wenn du genau beschreibst, **wie** die Personen deiner Geschichte sprechen, können sich die Leser die Situation gut vorstellen. Verwende deshalb nicht immer „sagen", sondern genauere Verben. Übe das mit den Beispielen auf Seite 126–128.

Satzeichen in der wörtlichen (direkten) Rede

In einem Text erkennst du durch die Satzzeichen, dass jemand spricht.

Beispiele:

Mehmet erzählt: „Gestern habe ich einen lustigen Film angeschaut." **(Aussage)**

Anna ruft ihrer Freundin zu: „Der Bus steht schon da!" **(Ausruf)**

Ben fragt: „Was kostet das?" **(Frage)**

Aufgaben:

Unterstreiche bei den folgenden Sätzen die Verben, die zum Wortfeld „sagen" gehören!
Setze die Satzzeichen bei den wörtlichen (direkten) Reden ein!

1. Leon meint   Die Aufgabe ist sehr schwierig

2. Sophie schlägt vor   Wir könnten zum Schwimmen gehen

3. Die Reporterin berichtet   Der Unfall geschah um 10 Uhr

4. Der Verkäufer erkundigt sich   Passt die Hose

5. Das Kind jammert   Wer hat meine Handschuhe gesehen

6. Julia erklärt   Mit dieser Software kannst du auf dem Computer deine Fotos anschauen

7. Tim schwindelt   Wir haben heute keine Hausaufgaben

8. Die Trainerin schimpft laut   Du bist schon wieder zu spät gekommen

9. Der Fahrer brüllt   Setz dich sofort hin

10. Paul jubelt   Ich habe gewonnen

Spannend schreiben mit der wörtlichen (direkten) Rede

Du kannst lebendig erzählen und die Spannung in deiner Geschichte am Höhepunkt steigern, wenn du die wörtliche (direkte) Rede verwendest. Besonders spannend wirkt das, wenn du **zuerst schreibst, was jemand sagt,** und **danach, wer spricht.**

  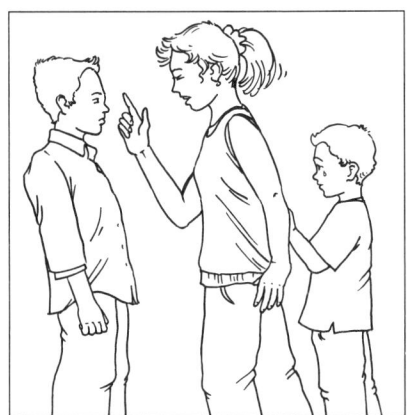

Beispiele:

„Achtung, da kommt jemand", flüstert der Einbrecher seinem Komplizen zu.
„Wer hat meinen Rucksack gesehen?", fragt Kevin.
„Lass meinen kleinen Bruder in Ruhe, sonst bekommst du Ärger!", droht Laura.

So müssen die Satzzeichen gesetzt werden:

Daniel mault: „Das ist langweilig."
　　　　　　„Das ist langweilig", mault Daniel.

Jenny ruft: „Kommt alle her!"
　　　　　　„Kommt alle her!", ruft Jenny.

Die Eltern fragen: „Wollt ihr mitkommen?"
　　　　　　„Wollt ihr mitkommen?", fragen die Eltern.

Aufgaben:

Tausche die Reihenfolge bei der wörtlichen (direkten) Rede aus! Beginne damit, was die Person sagt. Du musst dabei auch die Satzzeichen verändern.

1. Jan erzählt: „Vor drei Minuten lag das Geld noch da."

　　_____

2. Aziz schreit: „Bleib stehen, es ist rot!"

　　_____

3. Die Kinder antworten: „Die Katze ist verletzt."

　　_____

4. Der Hausmeister fragt: „Wer hat den Dreck auf den Boden geworfen?"

　　_____

Gefühle beschreiben

Einführung

Wer etwas Spannendes, Lustiges oder Besonderes erlebt, zeigt auch seine Gefühle. In Bildergeschichten kannst du von den Gesichtern und den Bewegungen der Personen ihre Gefühle
ablesen. **Besonders am Höhepunkt einer Erzählung sollst du beschreiben, was für Gefühle die
Menschen haben**. Du hast zwei Möglichkeiten, die Gefühle der Menschen zu beschreiben. Entweder du benützt passende Adjektive (traurig, wütend, fröhlich …) oder du gibst in wörtlicher
(direkter) Rede wieder, was die Person in diesem Moment denkt oder sagt.

Bild A

Bild B

Bild C

Bild D

Bild E

Aufgabe:

Zu welchem Bild passt die wörtliche (direkte) Rede? Schreibe neben die wörtliche Rede den
passenden Buchstaben!

„Oh, die Flasche ist leer und ich hab solchen Durst", denkt Roman enttäuscht. ☐

„Halt, bleib stehen! Ein Auto kommt!", schreien Michaels Freunde erschrocken. ☐

„Gut, dass mir das nicht passiert ist", geht es Hannah durch den Kopf. ☐

„Mein gutes Eis, alle beiden Kugeln am Boden", denkt Karen und weint. ☐

„Die arme Karen, hoffentlich hat sie sich nicht wehgetan", überlegt Ratko. ☐

„Boa, das ist cool!", ruft Jan. ☐

Gefühle beschreiben (1)

Aufgaben:

1. Marcel hat einen Teller fallen lassen. Sieh dir das Gesicht von Marcel an. Wie fühlt er sich?
   Ergänze den Satz mit einem passenden Adjektiv.

   Marcel ist _____

2. Was könnte Marcel denken? Schreibe in die Denkblase!

3. Ergänze die wörtliche (diekte) Rede mit deinem Text aus der Denkblase.

   Marcel überlegt: „_____

   _____ "

Gefühle beschreiben (2)

Aufgaben:

1. Was denkt sich der Mann, als er die Kinder sieht? Schreibe in die Denkblase.

2. Ergänze den Satz mit einem passenden Adjektiv.

   Der Mann ist _____.

Gefühle beschreiben (3)

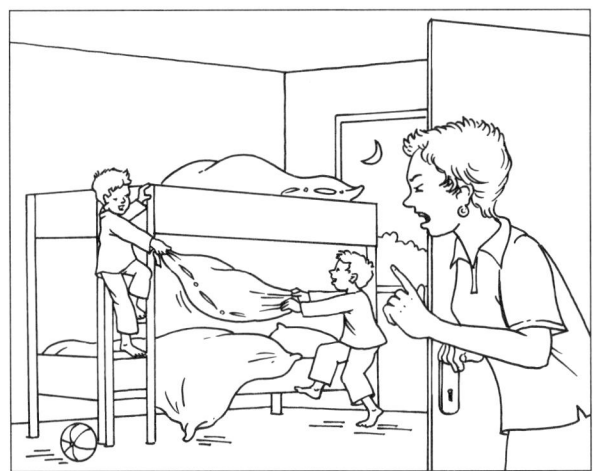

Aufgaben:

1. Luca und Peter toben, obwohl sie schlafen sollen. Das Gesicht der Mutter und ihre Handbewegung zeigen, was sie davon hält. Ergänze den Satz mit einem passenden Adjektiv.

   Die Mutter ist _____.

2. Was könnte die Mutter zu den Kindern sagen? Ergänze die wörtliche (direkte) Rede.

Die Mutter schimpft:

„_____

_____

_____ !"

Gefühle beschreiben (4)

Aufgaben:

1. Alina ekelt sich, weil sie in einen Hundehaufen getreten ist. Beschreibe, woran du an ihrem Gesicht ihr Gefühl erkennst.

   _____

   _____

2. Was könnte sie denken? Schreibe in die Denkblase.

Treffende Ausdrücke

Verwende passende Nomen!

Bilder zeigen, wie Tiere oder Dinge aussehen. Wenn du schreibst oder sprichst, musst du dich genau ausdrücken, damit andere sich vorstellen können, was du meinst. Wenn du den passenden Ausdruck verwendest, wissen die Leser deiner Geschichte gleich, was du meinst.

Schreibe das passende Wort unter das jeweilige Bild!

Elch, Hirsch, Reh, Schaf, Ziege
Amsel, Elster, Krähe, Möwe, Taube
Biber, Dachs, Fuchs, Marder, Wolf

Verwende passende Nomen!

Bilder zeigen, wie Tiere oder Dinge aussehen. Wenn du schreibst oder sprichst, musst du dich genau ausdrücken, damit andere sich vorstellen können, was du meinst.

Schreibe das passende Wort unter das jeweilige Bild!

Bernhardiner, Dackel, Dalmatiner, Schäferhund, Windhund
Bauernhaus, Einfamilienhaus, Hochhaus, Mehrfamilienhaus, Reihenhaus
Bürostuhl, Hocker, Sessel, Sofa, Stuhl

Verwende passende Nomen!

Bilder zeigen, wie Tiere oder Dinge aussehen. Wenn du schreibst oder sprichst, musst du dich genau ausdrücken, damit andere sich vorstellen können, was du meinst.

Schreibe das passende Wort unter das jeweilige Bild!

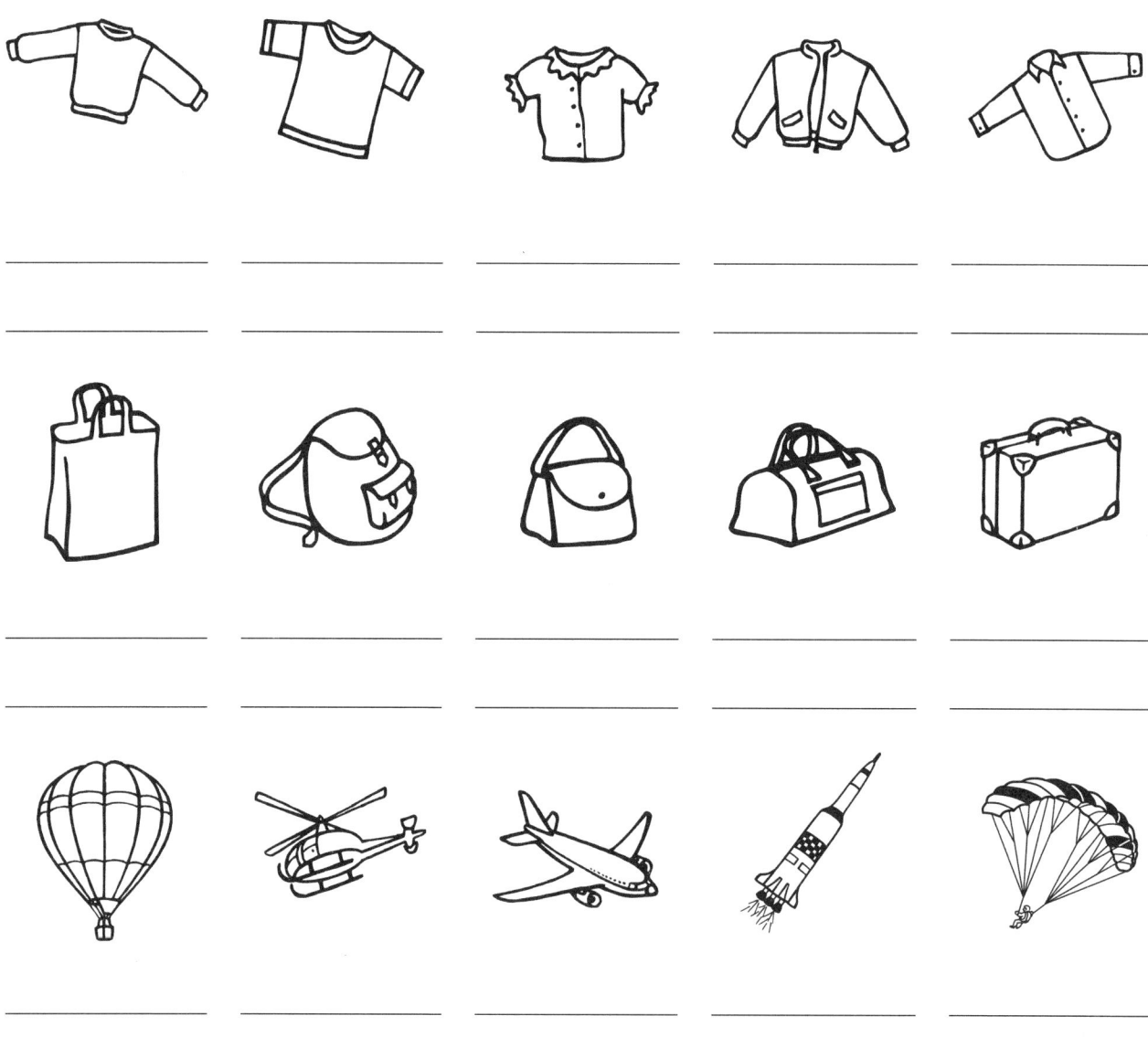

Bluse, Hemd, Jacke, Pullover, T-Shirt
Einkaufstasche, Handtasche, Koffer, Sporttasche, Rucksack
Fesselballon, Flugzeug, Gleitschirm, Hubschrauber, Rakete

Verwende passende Nomen!

Bilder zeigen, wie Tiere oder Dinge aussehen. Wenn du schreibst oder sprichst, musst du dich genau ausdrücken, damit andere sich vorstellen können, was du meinst.

Schreibe das passende Wort unter das jeweilige Bild!

Ast, Krone, Stamm, Wurzel, Zweig
Bagger, Betonmischer, Kipplaster, Kran, Traktor
Fühler, Geweih, Horn, Hörner, Stoßzahn

Verwende passende Nomen!

Bilder zeigen, wie Tiere oder Dinge aussehen. Wenn du schreibst oder sprichst, musst du dich genau ausdrücken, damit andere sich vorstellen können, was du meinst.

Schreibe das passende Wort unter das jeweilige Bild!

Eimer, Glas, Krug, Tasse, Vase
Bohrmaschine, Feile, Hammer, Schraubenzieher, Zange
Akkordeon, Blockflöte, Gitarre, Harfe, Klavier

Verwende passende Nomen!

Bilder zeigen, wie Tiere oder Dinge aussehen. Wenn du schreibst oder sprichst, musst du dich genau ausdrücken, damit andere sich vorstellen können, was du meinst.

Schreibe das passende Wort unter das jeweilige Bild!

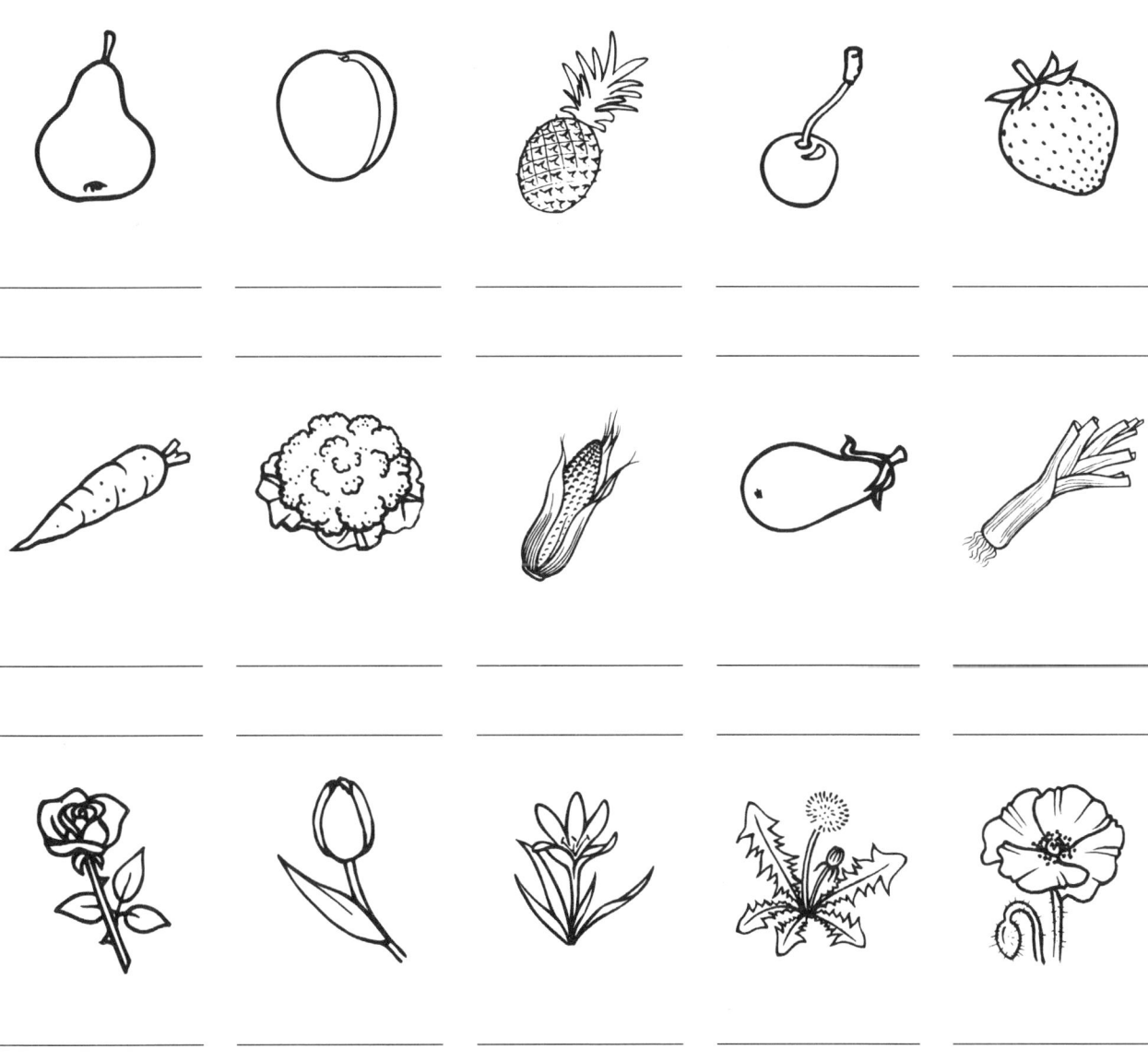

Ananas, Aprikose, Birne, Erdbeere, Kirsche
Aubergine, Blumenkohl, Karotte, Lauch, Mais
Krokus, Löwenzahn, Mohn, Rose, Tulpe

Verwende passende Verben!

• Wortfeld „sagen"

Stell dir vor, dein Aufsatz wird verfilmt. Wenn du genau schreibst, **wie** die Personen in deiner Geschichte **sprechen**, ist dem Regisseur gleich klar, was er den Schauspielern für Anweisungen geben muss: **Schimpfen** die Personen, **flüstern** sie oder **stottern** sie aufgeregt? Wenn du dich beim Schreiben so genau ausdrückst, werden die Personen in deinem Aufsatz fast so lebendig wie in einem Film.

Überlege deshalb, wenn du einen Text zu einer Bildergeschichte schreibst, welche Verben aus dem Wortfeld „sagen" genau passen. Verschiedene Menschen sprechen in unterschiedlichen Situationen auf andere Art und Weise.

Hier wird jemand laut: **rufen, schreien, brüllen, schimpfen, jubeln, anfeuern**

Und hier leise: **flüstern, murmeln, stottern, beruhigen, trösten**

So spricht ein Angeber: **übertreiben, prahlen, angeben**

So redet jemand, der nicht ehrlich ist: **lügen, schwindeln**

Hier fühlt sich jemand nicht wohl: **jammern, schluchzen, maulen**

Hier können wir etwas Neues erfahren: **erklären, informieren, berichten, erzählen, vorschlagen**

In einem Gespräch kann jemand **fragen, antworten, widersprechen, vorschlagen**

Hier sprechen mehrere: **plaudern, schwätzen**

Aufgaben:

Schau dir die Bilder genau an und setze die passenden Verben aus dem Wortfeld „sagen" ein.

Sarah _____:
„Ich verrate dir, wo ich das Klassenbuch versteckt habe."

Fabian _____: „Wir haben gewonnen!"

Tina_____: „Mein Bein tut so weh."

Ben _____: „Was kostet ein Stück von dieser Torte?"

Die Mutter _____: „Die Bilder in diesem Buch zeigen dir ganz genau, wie es funktioniert."

Verwende passende Verben!

• Wortfeld „gehen"

Menschen und Tiere können sich auf verschiedene Arten fortbewegen. In einer Bildergeschichte versucht der Zeichner oder die Zeichnerin, die Bewegung so gut wie möglich darzustellen. Wenn du die Geschichte erzählst, musst du passende Verben verwenden, damit sich die Leser die Bewegung vorstellen können, z. B.: wandern, schlendern, marschieren, überqueren, stolpern, bummeln, schleichen, spazieren, gehen, waten, hetzen, laufen, rennen, klettern, hüpfen, springen, kriechen, krabbeln, stapfen, stürmen …

Aufgabe:

Schau dir die Bilder genau an und setze passende Verben ein.

Zoltan _____
die Fahrbahn.

Lena _____
aus dem Haus.

Dodo _____
über die Wiese.

Das Kind _____
durch den Tunnel.

Lösungsvorschläge für die Arbeitsblätter

Aufgabenstellungen im stilistischen Bereich der Sprache führen zu unterschiedlichen Lösungsmöglichkeiten. So stellen die hier vorgeschlagenen Antworten oft eine von vielen Möglichkeiten dar. Darüber hinaus bieten viele Multiple-Choice-Aufgaben mehrere richtige Lösungsmöglichkeiten an, um bewusst zu machen, dass verschiedene Varianten sinnvoll sein können. Dennoch sind auch falsche Antworten möglich, wenn zum Beispiel Begriffe in einem Zusammenhang verwendet werden, wo sie nicht passen, inhaltliche Bezüge falsch dargestellt oder wenn grammatische Regeln nicht beachtet werden. Wichtig ist es, die Lösungen gemeinsam zu diskutieren. Dabei lassen sich Verständnisschwierigkeiten ausräumen, die Bedeutung einzelner Begriffe klären und die Wortschatzkenntnisse erweitern. Es verhindert darüber hinaus, dass Vorschläge und Hilfen als einengend erlebt werden. Jeder eigene passende Gedanke ist besser als ein vorgegebener.

Die folgenden Lösungsvorschläge bieten eine Orientierung und erleichtern auch die Besprechung der Fragen zu den Musteraufsätzen.

Aufsatzhilfen

Der kleine Herr Jakob: Der Bumerang

Einleitung (S. 22):
Aufgaben:

1. Der kleine Herr Jakob
2. Er schaut in ein Schaufenster.
3. Eines Tages
4. Vor einem Sportgeschäft
5. Eines Tages steht der kleine Herr Jakob vor einem Sportgeschäft und schaut in die Auslage.

Überleitung (S. 23):

Der kleine Herr Jakob geht in das Geschäft.

Hauptteil (S. 24):

1. Was ist das für ein gebogenes schwarzes Ding im Schaufenster?
2. Er musste den Bumerang aus dem Schaufenster herausholen.
3. Aus dem Schaufenster.

Überleitung (S. 25):

1. Die beiden Männer gehen aus dem Geschäft.
2. Der Verkäufer möchte dem kleinen Herrn Jakob zeigen, wie ein Bumerang funktioniert.

Steigerung im Hauptteil (S. 26):

1. Jetzt, in einem weiten Bogen, gebannt
2. *Mit Schwung (Vor dem Geschäft, Vor der Tür, Nun, Gleich darauf)* wirft der Verkäufer den Bumerang in die Luft.
   Gespannt (Interessiert) schaut der kleine Herr Jakob dem Bumerang nach.

3. Konzentriert wirft der Verkäufer den Bumerang in die Luft.

Überleitung (S. 27):

1. Der Bumerang dreht sich um sich selbst und fliegt einen weiten Bogen. Deshalb kommt er am Ende dorthin zurück, wo er abgeworfen wurde.
2. Der Bumerang kehrt in der Luft um.

Höhepunkt des Hauptteils (S. 28):

3. Die Scheibe ist zerbrochen.
4. Das Zischen des Bumerangs, das Zersplittern der Glasscheibe.
5. Der Bumerang ist an derselben Stelle im Schaufenster gelandet, wo er zu Beginn lag.
6. erschrocken
7. überrascht

Schluss (S. 29):

1. Der kleine Herr Jakob sagt nachdenklich: „Sie haben recht gehabt. Der Bumerang ist genau dorthin zurückgeflogen, wo er hergekommen ist."
2. Der kleine Herr Jakob denkt erstaunt: „Na so was, der Verkäufer hat recht gehabt. Der Bumerang fliegt genau dorthin zurück, wo er hergekommen ist."

Musteraufsatz (S. 30/31):

1. Im Schaufenster
2. In seiner Hand
3. Er geht mit dem Verkäufer vor das Geschäft.
4. zischt, kracht, splittert, klirrend

Der kleine Herr Jakob: Die Fotosafari

Einleitung (S. 34):

1. Die Personen tragen leichte Kleidung: Sommerkleid, kurzärmelige Hemden, zum Teil Sonnenkappe und Sonnenbrille.
2. Im Gebirge
3. Fotoklub, Fotoverein
4. Der kleine Herr Jakob möchte mit seinen Freunden Tiere und Pflanzen im Gebirge fotografieren.
5. An einem warmen Sommertag unternimmt der kleine Herr Jakob eine Wanderung. Er möchte mit seinen Freunden vom Fotoverein Tiere und Pflanzen in den Bergen aufnehmen.

Überleitung (S. 35):

1. Da fällt dem kleinen Herrn Jakob ein: „Die Ziege könnte ich doch fotografieren. Das wird bestimmt ein schönes Bild."
2. *Schnell* nimmt er seine Kamera und schleicht sich von hinten an das Tier an.

Hauptteil (S. 36):

1. Die Wandergruppe geht weiter.
2. Der kleine Herr Jakob schleicht sich vorsichtig an die Ziege an.
3. Die Ziege grast friedlich.

Steigerung im Hauptteil (S. 37):

1. Er kniet.
2. Die Ziege hat aufgehört zu grasen und wendet ihren Kopf zum kleinen Herrn Jakob.
3. Aufmerksam sieht die Ziege den kleinen Herrn Jakob an.
4. Jetzt schaut die Ziege den kleinen Herrn Jakob an.

Überleitung (S. 38):

1. Die Ziege dreht sich um. Die Ziege senkt ihren Kopf. Die Ziege rennt los. Der kleine Herr Jakob erschrickt. Der kleine Herr Jakob springt auf. Der kleine Herr Jakob rennt zurück.
2. Die Ziege dreht sich um, senkt ihren Kopf und rennt los. Der kleine Herr Jakob erschrickt, springt auf und rennt zurück.

Höhepunkt des Hauptteils (S. 39):

1. a) Läuten der Glocke
   b) Schnauben der Ziege
   c) Rufe des kleinen Herrn Jakob
2. Sie fotografieren die Verfolgungsjagd.
3. „Hilfe, zur Hilfe, ein wildes Tier geht auf mich los!", ruft der kleine Herr Jakob.
4. erschrocken, entsetzt, angsterfüllt

Schluss (S. 40):

1. Der kleine Herr Jakob erreicht den Weg und endlich bleibt die Ziege stehen. Erleichtert schaut der kleine Herr Jakob auf.

Musteraufsatz (S. 41/42):

1. Fotoverein Bergbilder
2. vorsichtig, friedlich, schnaubend, angsterfüllt, erleichtert

Papa Moll: Die Hundeerziehung

Einleitung (S. 44):

1. Der Dackel Tschips spielt in der Geschichte eine wichtige Rolle.
2. Das 4. Bild
3. Eines Abends sitzen Herr und Frau Moll gut gelaunt im Wohnzimmer auf dem Sofa und sehen sich einen Tierfilm im Fernsehen an. Ihr Dackel Tschips schläft zufrieden auf seiner Decke.

Überleitung (S. 45):

Auf einmal wacht der Hund auf. Das Heulen der Wölfe aus dem Fernsehen hat ihn aufgeweckt.

Hauptteil (S. 46):

1. Die Wölfe sitzen auf einem Hügel, strecken ihre Hälse nach oben und heulen den Vollmond an.
2. Tschips sitzt vor dem Fernseher und stimmt in das Wolfsgeheul ein.
3. Das Ehepaar ist erstaunt.

Überleitung (S. 47):

1. Das Gebell stört sie beim Fernsehen. Die Eltern haben Angst, dass die Kinder aufwachen. Der Hund hört nicht auf zu bellen, obwohl ihn Herr und Frau Moll ermahnt haben.
2. „Hör auf mit dem Gebell, sonst musst du vor die Tür!"

Steigerung im Hauptteil (S. 48):

1. *Voller Mitleid* setzt Papa Moll Tschips vor die Tür.
2. *Überrascht / Verwundert* dreht sich Tschips zu Papa Moll um.
3. *Jetzt* dreht sich Tschips zu Papa Moll um.
4. *Vor der Tür / Vor dem Haus* dreht sich Tschips noch einmal um.

Überleitung (S. 49):

1. Da erinnert sich der Hund *an die heulenden Wölfe im Fernsehen.*
2. Den Mond
3. Auch die Wölfe im Fernsehen sind auf einem Hügel gesessen. Er ahmt die Wölfe im Fernsehen nach.
4. Da hatte er eine Idee. / Da kam ihm ein Gedanke.

Höhepunkt des Hauptteils (S. 50):

Der Hund hockt sich wie die Wölfe auf einen kleinen Hügel. Dort reckt er den Hals und heult laut den Mond an.

Schluss (S. 51 / 52):

1. Papa Moll kommt mit der Taschenlampe aus dem Haus. Er sieht den Hund an und trägt ihn dann wieder hinein.
2. Er ist ärgerlich.
3. zufrieden
4. Die Kinder sind aufgewacht, weil das Heulen des Hundes sie erschreckt hat.
5. „Keine Angst, das war nur Tschips."
6. Endlich kehrt wieder Ruhe ein, denn die Eltern schalten den Fernseher aus.

Musteraufsatz (S. 53 / 54):

1. Dackel, Tschips, das Tier, er, ihn
2. gut gelaunt, zufrieden, erstaunt, verwundert, ärgerlich, zufrieden, ängstlich
3. schimpfen, beruhigen

Papa Moll: Beim Gleitschirmfliegen

Einleitung (S. 56):

1. Im Gebirge
2. In den Ferien, im Urlaub, am Wochenende
3. Papa Moll verbringt die Ferien mit seiner Familie im Gebirge. Dort möchte er Gleitschirmfliegen lernen.

Hauptteil 1 (S. 57):

1. Der Fluglehrer

2. Er möchte Papa Moll aufhalten und ihm noch etwas erklären.

3. „Halt, nicht so schnell! Warten Sie! Ich will Ihnen noch etwas erklären!"

Hauptteil 2 (S. 58/59):

1. Papa Moll springt von einem Berg ab.

2. „Wenn das nur gut geht", denkt Frau Moll.

3. Willy winkt seinem Vater *begeistert/fröhlich* hinterher.

4. „Mann, das hätte ich Papa gar nicht zugetraut!", denkt Willy. / „Ich würde auch gerne mitfliegen", denkt Willy.

Steigerung im Hauptteil (S. 60):

1. stolz, gut gelaunt, fröhlich

2. Neben

3. „Ich fliege wie ein Vogel", denkt Papa Moll vor Freude strahlend.
   „Da staunst du, ich fliege genauso gut wie du", denkt Papa Moll gut gelaunt.

Überleitung (S. 61):

1. Das Kind hat die freie Entscheidung, welchen Text es wählt.

2. Der Text A erzählt nicht sofort, dass die Krähe den Gleitschirm zerstört, damit die Leser auf die Folter gespannt werden, die Erzählung spannend bleibt.

3. Jetzt – Ganz nahe am Gleitschirm – Da – Papa Moll

Höhepunkt des Hauptteils (S. 62/63):

1. erschrocken, entsetzt

2. Das Kind hat die freie Auswahl, welche Formulierungen es bevorzugt.

3. Zerreißen des Stoffes, Pfeifen des Windes, Luftzug, Knattern des Stoffes

4. Der Schirm ist gerissen! Ich stürze ab! Ich bin verloren …

Ende des Höhepunkts (S. 63):

Papa Moll bemerkt die Picknickdecke. Seine Frau und die Kinder haben die Ecken der Decke gepackt und halten sie straff wie ein Sprungtuch. Der Proviant fliegt von der Decke.

Schluss (S. 64):

1. Auf der Picknickdecke

2. Er ist froh, erleichtert und erschöpft.

3. „Das ist gerade noch einmal gut gegangen!"
   „Ein Glück, dass ich eine so tüchtige Familie habe!"
   „Morgen überlasse ich das Fliegen lieber den Vögeln."

Musteraufsatz (S. 65/66):

1. davonsegeln, schweben, gleiten

2. Er spürt, wie er nach unten fällt. Sein Herz rast. Die Angst verschlägt ihm den Atem. Er fühlt, wie er nach unten stürzt.

3. erleichtert, erschöpft

Achtung – bissig! (aus der Reihe „Sentimage")

Einleitung (S. 68):

1. Mädchenname nach freier Wahl
2. Zeitschriften, Prospekte
3. In seinem Viertel, In seiner Nachbarschaft; sicher nicht: In einer fremden Stadt
4. An einem Tag im Frühjahr, Jeden Donnerstag, Jeden Samstag, nach der Schule …
5. Wie jeden Donnerstag trägt Jenny Zeitschriften/Prospekte in ihrem Viertel aus.

Hauptteil (S. 69):

1. Zuerst verteilt Jenny die Prospekte in einem Mehrfamilienhaus.
   Danach geht sie zu einem Einfamilienhaus.
2. Jenny hat die Gartentür geöffnet und geht zum Haus, weil der Briefkasten an der Hauswand hängt.
3. Der Garten sieht ganz verlassen aus.

Höhepunkt des Hauptteils (S. 70/71):

1. a) Auf einmal hört Jenny ein Geräusch.
   b) Mit lautem Gekläff rennt ein Hund heran.
   c) Zwischen Haus und Garage bleibt er stehen.
   d) Gefährlich fletscht das Tier seine Zähne.
2. Schritte des Hundes, Bellen, Schnauben, Knurren des Hundes
3. Die Augen sind aufgerissen, die Augenbrauen hochgezogen, der Mund geöffnet.
4. Schwitzen, Herzklopfen, Zittern, zu keiner Bewegung fähig (starr vor Schreck, wie gelähmt), trockener Mund, weiche Knie …
5. „Wo kommt der Hund plötzlich her? Der war doch immer eingesperrt. Hilfe, der geht auf mich los!"

Schluss (S. 72):

1. Ein Mann in Gummistiefeln läuft herbei und packt den Hund am Halsband.
2. „Vielen Dank, ich hatte schon Angst, der Hund fällt mich an", sagt Jenny.
   „Das war Rettung in letzter Minute", denkt Jenny.

Musteraufsatz (S. 73/74):

Ihr Herz klopft wild. Ihre Knie zittern und sie beginnt zu schwitzen. Sie öffnet den Mund, aber sie bringt keinen Ton über die Lippen.

Ein Wunsch geht in Erfüllung (aus der Reihe „Sentimage")

Einleitung (S. 76):

1. Beliebiger Jungenname
   Die Eltern spielen eine wichtige Rolle in der Geschichte.
2. Die Familie möchte Einkäufe machen. (Die Mutter hat im 2. Bild eine Einkaufstasche in der Hand.)
3. In der Stadt
4. Am Samstag

---

5. An einem Samstagvormittag sind Luis und seine Eltern in der Stadt, um Einkäufe zu machen.

Hauptteil 1 (S. 77/78)

1. „Schau mal, da ist ein Hubschrauber! So einen wünsch ich mir schon lange!"
2. „Bitte, Mama, gehen wir in das Geschäft. Ich möchte den Hubschrauber anschauen. Bitte kauf mir den Hubschrauber!"
3. „Nein, Luis, das geht jetzt nicht, wir haben keine Zeit." (Der Vater zeigt auf die Uhr.) „Nein, Luis, wir kaufen jetzt kein Spielzeug."

Hauptteil 2 (S. 79)

Enttäuscht denkt Luis: „Das ist gemein. Die Erwachsenen können immer bestimmen."

Überleitung (S. 79):

Ein paar Tage/Ein paar Wochen später hat Luis Geburtstag.

Steigerung im Hauptteil (S. 80):

1. Auf dem Tisch steht der Geburtstagskuchen.
2. Angestrengt bläst Luis die Kerzen aus.
3. Auf dem Tisch liegen zwei Päckchen. Die Eltern stehen mit Luis am Geburttagstisch

Höhepunkt des Hauptteils (S. 81):

1. überrascht, ungläubig
2. *Überrascht/Ungläubig* sieht Luis auf die Schachtel
3. rascheln, knistern
4. Die Eltern denken, dass Luis nicht mehr damit rechnet, den Hubschrauber zu bekommen.
5. Er lächelt mit offenem Mund. Die Augen strahlen.

Schluss (S. 82):

Freudestrahlend sagt Luis: „Danke Mama, danke Papa. Den Hubschrauber habe ich mir schon so lange gewünscht! Ich habe schon gedacht, ich bekomme ihn nicht mehr."

Musteraufsatz (S. 83/84):

1. rufen, antworten, drängeln, erklären, sagen, betteln, sich bedanken
2. begeistert, ungeduldig, enttäuscht, überrascht, freudestrahlend

Wer andern eine Grube gräbt … (aus der Reihe: „Und dann …? 2")

Einleitung (S. 86/87):

1. Beliebiger Jungenname
2. durchgestrichen wird: Er möchte seine Schwester zum Lachen bringen. und: Er will seine Schwester sauber machen.
3. Im Haus
4. Tim ist allein zu Hause.
5. Am Nachmittag, wenn die Eltern noch arbeiten und die Schwester beim Sport ist./Am Samstagvormittag, wenn die Eltern einkaufen und die Schwester beim Sport ist.

6. An einem Samstagvormittag ist Tim allein zu Hause. Da hat er die Idee, seiner Schwester einen Streich zu spielen.

Überleitung (S. 88):

Überleitungssatz nach freier Wahl.

Hauptteil 1 (S. 89)

1. Eimer mit Wasser, Stuhl
2. Er hat die Tür einen Spalt breit geöffnet, damit er den Eimer oben draufstellen kann.
3. Er steht auf dem Stuhl und stellt den Eimer auf die leicht geöffnete Tür.
4. Zuerst holt Tim einen Stuhl und einen Eimer mit Wasser. Danach öffnet er die Haustür einen Spalt breit. Dann steigt er auf den Stuhl und stellt den Eimer vorsichtig auf die leicht geöffnete Tür.
5. Zuletzt trägt er den Stuhl wieder zurück.
6. Er ist so fröhlich, weil er sich schon vorstellt, wie sein Streich gelingen wird und seine Schwester nass wird.
7. Gut gelaunt denkt Tim: „Das wird lustig, wenn Tina das Wasser auf den Kopf schwappt!"

Überleitung (S. 90):

Überleitungssatz nach freier Wahl.

Hauptteil 2 (S. 91)

1. Tim liest ein Buch.
2. Er sitzt auf einem Sessel.
3. vergnügt, gut gelaunt, zufrieden

Steigerung im Hauptteil (S. 92):

1. Jetzt klingelt es an der Tür.
2. Vor dem Haus steht ein Wagen vom Paketdienst.
3. Schrill und ungeduldig klingelt der Postbote noch einmal.

Höhepunkt des Hauptteils (S. 93):

1. Der Eimer sitzt auf seinem Kopf wie ein Hut.
   Das Wasser ist auf sein T-Shirt und auf den Boden gelaufen.
2. „Was ist dir denn passiert?" / „Du hast ja einen komischen Hut auf!" / „Hast du gerade geduscht?"
3. Tim schämt sich. Tim findet es peinlich.

Schluss (S. 94):

1. Tim antwortet nicht und nimmt das Paket entgegen. Danach räumt er den Eimer weg und zieht sich trockene Sachen an.
2. Wer andern eine Grube gräbt, fällt selbst hinein. / Ich glaube, dieser Streich war keine so gute Idee.

Musteraufsatz (S. 95/96):

1. Zuerst, Danach, Dann, Zuletzt
2. gemütlich, zufrieden, schrill, ungeduldig, neugierig

3. Tim nimmt das Paket, räumt den Eimer weg und zieht sich trockene Sachen an./
   Tim nahm das Paket, räumte den Eimer weg und zog sich trockene Sachen an.

Der verlorene Rucksack (aus der Reihe „Lea , Lars und Dodo")

Einleitung (S. 98):

1. Lea hat ihren Hund dabei.
2. Sie könnten zu einer Freundin von Lea fahren.
3. Nachmittags, da Lea dann nicht in der Schule ist./An einem Vormittag in den Ferien oder am Wochenende.
4. An einem freien Nachmittag fährt Lea mit dem Bus zu ihrer Freundin. Leas Hund Dodo darf mit.

Hauptteil (S. 99):

1. Lea schaut zum Fenster hinaus.
2. Lea hat ihren Rucksack neben sich auf die Sitzbank gestellt.
3. Lea gegenüber sitzt ein alter Mann.

Steigerung im Hauptteil (S. 100):

1. An der Müllergasse/Auf einmal/Da/(Plötzlich)
2. Vorsichtig/Geduldig/(Ängstlich/Unsicher)
3. Auf dem Sitz/Im Bus/Auf ihrem Sitzplatz

Höhepunkt des Hauptteils (S. 101/102):

1. Lea könnte Geld, Handy und Schlüssel in ihrem Rucksack haben.
2. Lea fährt der Schreck in die Glieder./Lea zuckt vor Schreck zusammen./Lea bleibt vor Schreck die Luft weg./Lea wird es eiskalt vor Schreck.
3. Voller Schreck fällt Lea ein: „Mein Rucksack, ich hab meinen Rucksack vergessen! Da ist doch mein Geld darin und mein Handy!"
4. Der alte Mann steht am Rückfenster des Busses. Er hält Leas Rucksack in der Hand und winkt ihr aufgeregt zu.
5. „Halt, stehen bleiben, ich hab meinen Rucksack vergessen!", ruft Lea
6. Lea sieht den alten Mann am Rückfenster des Busses, der sich immer weiter entfernt. Sie hört das Motorengeräusch.
7. Lea spürt ihr Herz klopfen. Sie merkt, dass ihr vom Rennen warm geworden ist.
8. „So ein Mist! Die Sachen sehe ich nicht wieder", denkt Lea.
   „Der Mann hat meinen Rucksack! Was wird er damit machen?", denkt Lea.
   „Wenigstens hat der alte Mann meinen Rucksack genommen. Er behält ihn bestimmt nicht", denkt Lea.

Überleitung (S. 103):

So ein Mist. Die Sachen sehe ich nicht wieder – Aber Lea hat nicht recht.
Der Mann hat meinen Rucksack! Was wird er damit machen? – Der alte Mann hat eine gute Idee.
Wenigstens hat der alte Mann meinen Rucksack genommen. Er behält ihn bestimmt nicht.
– Genau so ist es.

Schluss (S. 104):

1. Der alte Mann gibt den Rucksack im Fundbüro ab.
2. Lea holt den Rucksack im Fundbüro ab.
3. erleichtert, froh, dankbar
4. „Gut, dass es ehrliche Menschen gibt!", denkt Lea.
   „Da habe ich noch einmal Glück gehabt!", denkt Lea.

Musteraufsatz (S. 105/106):

1. „Mein Rucksack, ich hab meinen Rucksack im Bus vergessen! Da ist doch mein Geld darin und mein Handy", fällt ihr ein. Dann überlegt sie: „Wenigstens hat der alte Mann meinen Rucksack gesehen. Er behält ihn bestimmt nicht." Froh denkt sie: „Gut, dass es ehrliche Menschen gibt!"
2. Da wird es Lea *eiskalt vor Schreck. Ihr Herz klopft rasend*, so schnell rennt sie. *Atemlos* und enttäuscht bleibt Lea stehen.

Sprachliche Mittel

Satzanfänge (S. 108–111)

1. *Neugierig* schaut Max durch die Lücke im Zaun. *Vorsichtig* streut Luisa das Futter in die Schale. *Enttäuscht* hält Alina den Teddy in den Händen. *Ängstlich* sitzt Tobias vor dem Fernseher.
2. *Stolz* nimmt der Sieger den Pokal entgegen.
   Begeistert klatschen die Zuschauer.
   Wütend knallt das Kind die Tür zu.
3. *Da/Jetzt/Auf einmal*
4. *Im letzten Moment*
5. *Endlich* ist der Zug vorbeigefahren. *Danach* öffnet sich die Schranke wieder.
6. a) *Zuerst* räumte er das Zimmer auf, *dann* holte er den Staubsauger und *zuletzt* putzte er noch die Fenster.
   b) *Plötzlich/Auf einmal* sah sie ein Licht und erschrak.
   c) Der Motor machte ein komisches Geräusch, *dann/gleich darauf/kurze Zeit später* blieb das Auto stehen.
7. *Auf dem Sprungturm* bekommt Herr Meyer Angst. *Auf dem Gehweg/Trottoir* liegt ein dicker Hundehaufen. *Auf den Tasten des Klaviers (Auf dem Klavier)* gehen die zwei Katzen hin und her. *Auf dem Ast (Auf dem Baum)* sitzt ein Bauer und schimpft.
8. a) *Vor der Tür* lag ein Schlüssel.
   b) *Neben dem Laden* stand Lisa und winkte.
   c) *Ganz oben* sahen sie ein Gipfelkreuz.

Wörtliche (direkte) Rede

Satzzeichen in der wörtlichen (direkten) Rede (S. 113)

1. Leon meint: „Die Aufgabe ist sehr schwierig."
2. Sophie <u>schlägt vor</u>: „Wir könnten zum Schwimmen gehen."
3. Die Reporterin <u>berichtet</u>: „ Der Unfall geschah um 10 Uhr."
4. Der Verkäufer <u>erkundigt sich</u>: „Passt die Hose?"
5. Das Kind <u>jammert</u>: „Wer hat meine Handschuhe gesehen?"
6. Julia <u>erklärt</u>: „Mit dieser Software kannst du auf dem Computer deine Fotos anschauen."
7. Tim <u>schwindelt</u>: „Wir haben heute keine Hausaufgaben."
8. Die Trainerin <u>schimpft</u> laut: „Du bist schon wieder zu spät gekommen!"
9. Der Fahrer <u>brüllt</u>: „Setz dich sofort hin!"
10. Paul <u>jubelt</u>: „Ich habe gewonnen!"

Spannend schreiben mit der wörtlichen Rede (S. 114)

1. „Vor drei Minuten lag das Geld noch da", erzählt Jan.
2. „Bleib stehen, es ist rot!", schreit Aziz.
3. „Die Katze ist verletzt", antworten die Kinder.
4. „Wer hat den Dreck auf den Boden geworfen?", fragt der Hausmeister.

Gefühle beschreiben

Einführung (S. 115): C, B, D, A, A, E

Gefühle beschreiben 1 (S. 116)

1. Marcel ist erschrocken / entsetzt.
2. „Der Teller ist zerbrochen. Was wird Mama dazu sagen? Hoffentlich schimpft Mama nicht."
3. Marcel überlegt: „Hoffentlich schimpft Mama nicht."

Gefühle beschreiben 2 (S. 117)

1. „Warum spannen die Kinder ihren Schirm nicht auf?"
2. Der Mann ist überrascht / verwundert.

Gefühle beschreiben 3 (S. 118)

1. Die Mutter ist ärgerlich.
2. Die Mutter schimpft: „Jetzt ist Schluss! Ihr geht sofort ins Bett, sonst gibt es Ärger! Ich habe gesagt, ihr sollt schlafen!"

Gefühle beschreiben 4 (S. 119)

1. Die Augenbrauen sind zusammengezogen. Der Mund ist verzogen.
2. „Igitt, ist das eklig! Und es stinkt!"

Treffende Ausdrücke

Bei den Lösungsvorschlägen wurden keine regionalen Unterschiede erfasst.
Verwende passende **Nomen**! (S. 120–125)

S. 120: Ziege, Reh, Schaf, Hirsch, Elch
Amsel, Taube, Krähe, Möwe, Elster
Fuchs, Wolf, Marder, Dachs, Biber

S. 121: Bernhardiner, Schäferhund, Dackel, Windhund, Dalmatiner
Reihenhaus, Bauernhaus, Hochhaus, Mehrfamilienhaus, Einfamilienhaus
Stuhl, Hocker, Sofa, Sessel, Bürostuhl

S. 122: Pullover, T-Shirt, Bluse, Jacke, Hemd
Einkaufstasche, Rucksack, Handtasche, Sporttasche, Koffer
Fesselballon, Hubschrauber, Flugzeug, Rakete, Gleitschirm

S. 123: Stamm, Wurzel, Ast, Krone, Zweig
Kran, Traktor, Kipplaster, Bagger, Betonmischer
Geweih, Stoßzahn, Hörner, Fühler, Horn

S. 124: Vase, Krug, Eimer, Tasse, Glas
Zange, Bohrmaschine, Feile, Schraubenzieher, Hammer
Blockflöte, Gitarre, Harfe, Akkordeon, Klavier

S. 125: Birne, Aprikose, Ananas, Kirsche, Erdbeere
Karotte, Blumenkohl, Mais, Aubergine, Lauch
Rose, Tulpe, Krokus, Löwenzahn, Mohn

Verwende passende **Verben**!

• Wortfeld „sagen" (S. 127/128)

Sarah *flüstert*: „Ich verrate dir, wo ich das Klassenbuch versteckt habe."
Fabian *jubelt*: „Wir haben gewonnen!."
Tina *schluchzt*: „Mein Bein tut so weh."
Die Verkäuferin *fragt*: „Was möchten Sie bitte?"
Die Mutter *erklärt*: „Die Bilder in diesem Buch zeigen dir ganz genau, wie es funktioniert."

• Wortfeld „gehen" (S. 129)

Zoltan *überquert* die Fahrbahn.
Lena *schleicht* aus dem Haus.
Dodo *springt* über die Wiese.
Das Kind *kriecht* durch den Tunnel.

Grammatikalische Ausdrücke

Nomen
> Hauptwort, Namenwort

Verb
> Zeitwort, Tätigkeitswort, Tunwort

Adjektiv
> Eigenschaftswort, Wiewort

Präsens
> Gegenwart, Gegenwartsform

Präteritum/Imperfekt
> Vergangenheit, Vergangenheitsform, 1. Vergangenheitsform